Jesus Hoł Yi'ashgo

Walking With Jesus

Jesus Hoł Yi'ashgo

Walking With Jesus

Revised 2008

This booklet is based on and quotes frequently from
Steps to Jesus, by Ellen G. White.

Text Prepared by
Frank Hardy, Tony Goldtooth

Cover Photo by Heather Severance

ISBN: 978-0-615-19738-8

Scripture

English Scripture quotations not otherwise specified are from *The Holy Bible: New International Version*. Grand Rapids, MI: 1973, 1978, and 1984, Zondervan.

Navajo Scripture quotations are from *Diyin God Bizaad: The Holy Bible in Navajo (Revised)*. New York, NY: 2000, American Bible Society.

GNT. From the *Good News Bible: Good News Translation (Second Edition)*. New York, NY: 1992, American Bible Society.

MLB. From *The Modern Language Bible: The New Berkeley Version in Modern English*. Grand Rapids, MI: 1945, 1959, and 1969, Zondervan.

Other

Ellen G. White. *Steps to Jesus*. Hagerstown, MD: Review and Herald Publishing Association, 1987, 1991.

English

Diné Bizaad

Saguaro. State flower of Arizona.

Chapter 1

God Loves You

God loves you. This is the most important truth in all the Bible. He loves all mankind. The Bible says: "You are all sons of God through faith in Christ Jesus, for all of you who were baptized into Christ have clothed yourselves with Christ. There is neither Jew nor Greek, slave nor free, male nor female, for you are all one in Christ Jesus. If you belong to Christ, then you are Abraham's seed, and heirs according to the promise" (Galatians 3:26-29).

But how can we know that God loves us? "The fact that 'God is love' is shown by every opening flower and blade of grass. Lovely birds singing their happy songs tell us of God's tender care. The bright flowers that sweeten the air

Wólta'ii 1

Diyin Ayóó'ánó'ní

Diyin t'áá íiyisí ayóó'ánó'níí lá. Diyin Bizaad yaa halne'ígíí bitahdóó díí aláahdi át'é. Diyin éí bíla'ashdla'ii t'áá ałtso ayóó'ádayó'ní. Bizaad yee ání: "Háálá Christ Jesus deinohdlánígíí bee t'áá ánółtso Diyin God ba'áłchíní danohłį. Háálá nohłą'í Christ bił łá'í soolįį'go tó bee danihi'doolzį'ígíí Christ bee hadadoohdzaago t'áá binoołt'é dasoolįį'. Éí bąą Jew dine'é índa Gríik dine'é nohłínii doo ał'ąą ádanoht'ée da; naalte' índa doo naalte' nohłíinii doo ał'ąą ádanoht'ée da; biką'ii índa bi'áadii nohłíinii doo ał'ąą ádanoht'ée da, háálá t'áá ánółtso Christ Jesus bee łá'í nohłį. Áko Christ bíí' danohłįįgo Éíbraham ba'áłchíní danohłį, áko Éíbraham baa deet'áanii danihí" (Galatians 3:26-29).

Haléit'éego Diyin ayóó'ánihó'níigo nihił bééhózin doo? "Diyin ayóó'ó'ó'ní át'é. Ch'il bílátah hózhóón ąą ádaanéehgo dóó tł'oh nidanise'go t'áá ałtso bikáa'gi bibee áyóó'ó'ó'ni' bee bik'e'ashchį nahalin. Tsídii danizhóníígíí bił dahózhǫǫgo ádaaníigo, ch'il bílátah dahózhóón nílch'i nizhónígo halchin áyósingo, nídíshchíí' danineezígíí yílk'id bee dootł'izhgo – díí t'áá ałtso Diyin hazhó'ó nihaa

and the tall green trees of the forest remind us that He wants to make His children happy" (*Steps to Jesus*, p. 4).

"Disobedience brought sadness and death. Yet God showed His love even when sin was causing suffering. The Bible says that God cursed the ground for the good of human beings (Genesis 3:17). He permitted thorns and weeds to grow. He allowed trials and troubles to fill people's lives with work and care. These troubles were to help lift men and women out of the ruin and shame caused by sin. But this sinful world is not all sorrow and pain. Nature itself gives us messages of hope and comfort. Flowers grow on the weeds, and roses cover the thorns" (*Steps to Jesus*, pp. 3-4). So God shows that He loves us by the things He has made.

We can also see this love in the Bible. There we are told that God is "compassionate and kind, slow to anger and

áhályánígíí, dóó bíla'ashdla'ii niidlíinii nihił dahózhǫ́ǫ dooleeł laanaa nízinígíí, bee béého̜zin lá" (*Steps to Jesus*, p. 4).

"Diyin bibee haz'áanii – ayóó'ó'óní yee has'áanii – doo bik'eh hól'íınígíí biniinaa yíníił dóó anoonééł hazlı̨́ı̨́'. Áko nidi, azhą́ bąąhági ájiidzaa dóó ti'hojooznii' nidi, Diyin éí bibee ayóó'ó'ó'ni' íishjání íít'ı̨. Niniinaa ni' hóyée'go bá ha'oodzíí', ní Diyin God (Genesis 3:17). Hosh danilínígíí, ch'il deeníinii ał'ąą ádaat'éii, t'áá ałtsogóó nidanise'. Díí ch'il ha'nínę́ę yíníił nijigháago yił aheełt'é nahalin. Azhą́ ti'hoo'níih bee jíiyáa nidi Diyin ba'jólíigo, doo yá'ádaat'éehii éí doodago adáhonooníił ni'iiłchxǫǫhii bits'ázhdoogáałgo át'é. Díí nahasdzáán, bąąhági át'éii bii' hólǫ́ǫ nidi, doo t'áá ałtsojı̨' yíníił dóó ti'hoo'níih át'ée da. Nahasdzáán yee hadít'éii nijiłkaahgo bee hasihgo nitsínáádzíkees dóó chánah náájídlı̨ı̨ łeh. Hosh bílátah hózhóón dahólǫ́, dóó chǫǫh wolyéii éí biwosh hólǫ́ǫ nidi bílátahí nizhónígo yee hadít'é" (*Steps to Jesus*, pp. 3-4). Áko Diyin nihá íiyiilaaígíí bibee ayóó'ó'ó'ni' bee béého̜zin łeh.

Diyin Bizaad t'áá át'é bii' ak'e'ashchínígíí Diyin bibee ayóó'ó'ó'ni' nihich'ı̨' íishjání íít'ı̨. Kóníigo ání: "Bóhólníihii, Bóhólníihii, éí Diyin God nilı̨ı̨go aa a'ááh nízinii áádóó

abounding in mercy and faithfulness" (Exodus 34:6, MLB). To help us understand better, God uses the illustration of a mother's love: "Can a mother forget the baby at her breast and have no compassion on the child she has borne? Though she may forget, I will not forget you" (Isaiah 49:15)!

In the New Testament Paul says: "And I pray that you, being rooted and established in love, may have power, together with all the saints, to grasp how wide and long and high and deep is the love of Christ, and to know this love that surpasses knowledge – that you may be filled to the measure of all the fullness of God" (Ephesians 3:17-19). And so the Bible tells about God's love.

God shows that He loves us by the things He has made. (Read Rom 1:20.) The Bible also tells about God's love. These things should be clear enough, but God did one more thing to make absolutely sure we would understand. He sent

jooba'ii áádóó nízaadgóó ha'ólníinii áádóó ts'ídá łą́ągo bibee ajooba' índa bit'áá aaníinii hólóonii" (Exodus 34:6). Diyin ákót'éego ájít'éé lá, nihiłní. T'áá náás nizhónígo bik'inááda'diitį́į́ł biniyé amá be'awéé' ayóó'áyó'nínígíí yaa halne': "Da' asdzáníísh be'awéé' biłt'o'ii t'áá yeidiyoonah, áko biyáázh yishchíiniísh doo yaa a'ááh nízin da? Aoo', éí shį́į́ yaa deidiyoonah, nidi shí éí ts'ídá doo neidiyeeshnah da" (Isaiah 49:15).

Bee'aha'deet'ą́ Ániidíii yiyi'dóó Paul ání: "Atł'ááh nástł'in nahalingo danołdzil doogo nihá sodiszin, áko Christ bibee ayóó'ó'ó'ni' áníłtéelgi, áníłnéezgi, dego áníłtsogi índa íídéetą́ą'gi Diyin God bidiyį́į' t'áá ałtso bił baa ákodanohsin doo. Áádóó Christ bibee ayóó'ó'ó'ni' ił ééhósin yilááh neel'áanii nihił béédahodooziįłgo Diyin God t'áá ałtsoní yee át'éii nihii' hadidoobį́łígíí bíká sodiszin" (Ephesians 3:17-19). T'áá ákót'éego Diyin Bizaad yee nihił halne'go Diyin ayóó'ánihó'ní.

Diyin God éí nahasdzáán nihá áyiilaaígíí bibee ayóó'ó'ó'ni' bee bééhózin lá, ha'ní. (Rom 1:20 yíníłta'.) Áádóó Bizaad bee ak'e'ashchínígíí ayóó'ánihó'nínígíí yaa halne'. Díidí nihił ííshą́ą́ shį́į́ nidi, Diyin God bee ééhózinii náánáła' nihá ánéiidlaa. T'áá bí biYe' díí nahasdzáanjį' niheiníł'a'go,

His Son, Jesus, to become one of us. Only through Him can we know the full extent of God's love.

"Only He who knew how high and how deep God's love was could show it. Nothing but Christ's great sacrifice for us could make known how much the Father loves sinners" (*Steps to Jesus*, p. 9).

"It was the weight of sin, its terrible power to separate a sinner from God, that broke His heart. But the Son of God did not give His life to make His Father love us. He did not die to make God willing to save. No, no! 'God loved the world so much that he gave his only Son' (John 3:16). The Father loves us not because Christ died for us; He gave His Son to die because He loved us" (*Steps to Jesus*, p. 8).

The Bible says: "Very rarely will anyone die for a righteous man, though for a good man someone might

biYe' jílíinii éí diné dzizlį́į́'. Áko Jesus Christ beego Diyin God ayóó'ánihó'níinii ts'ídá t'áá ałtsojį' nizhónígo bik'ida'diitį́įł lá.

"Diyin bibee ayóó'ó'ó'ni' éí dego dóó yaago ts'ídá t'áadoo bee nízádí da. Jesus t'éiyá díí t'áá át'é bił béého̜zingo, áko bí t'éiyá nihił íishjání íidoolíiłgo yíneel'ą́" (*Steps to Jesus*, p. 9).

"Bąąhági ádaat'éii hak'iildohgo índa yéego yíní biih jitłish łeh – bąąhági ádaaníiłii aTaa' yił ałts'ádeidoonił baa ákoznízingo biniinaa. T'áá íídą́ą' aTaa' ayóó'ánihó'níí lá. T'áá íídą́ą' bíla'ashdla'ii yisdáhidooltéełgo nihá yinízin. Áko aTaa' doo łahgo át'éego nihaa tsínáádookos át'ée da. Jesus doo éí yiniyé daaztsą́ą da lą́ą. Ts'ídá dooda! 'Háálá Diyin God éí nihokáá' dine'é t'áá íiyisí ayóó'ájó'níigo bąą haYe' t'áálá'í há yizhchínígíí baazhníłtį ' (John 3:16). ATaa' éí doo Jesus nihá daaztsánígíí t'éí biniinaago ayóó'ánihó'níi da; t'áá íiyisí ayóó'ánihó'níigo biniinaa, biYe' Jesus niheiníł'a' – nihá dazdootsaał biniyé" (*Steps to Jesus*, p. 8).

Diyin Bizaad ání: "Jó, diné ts'ídá t'áá ákogi át'éii doo ła'da t'áá k'ad bá daaztsą́ą da, ákondi ła'da daats'í diné yá'át'ééh áánííłii bá dazdootsaałjį' nidi, t'áadoosti'ee

possibly dare to die. But God demonstrates his own love for us in this: While we were still sinners, Christ died for us" (Romans 5:7-8).

"Satan tries to make people think of God as a severe judge without pity. He says that the Creator is always watching for people to make mistakes so He can punish them. To show them that this is not true, Jesus came to live in this world. He wanted people to see God's infinite love" (*Steps to Jesus*, p. 5).

The most important thing we can learn about God is that He loves us. We see God's love in nature, but sin has distorted our view. We hear about His love in the Bible, but words give a limited idea of what it is really like. God could only make His love perfectly clear by giving us His Son, Jesus.

niná'ádizhdoot'ááł. Nidi t'ahdii bąąhági áániiłii daniidlíí nít'éé' yęęd́ąą' Christ nihá daaztsą, éí bee Diyin God yee ayóó'ánihó'níinii nihił béédahózingo áyiilaa" (Romans 5:7-8).

"Séítan éí, Diyin God bijéí nitł'iz níí lá. Aa hwiinít'į t'éí bii' hóló, dóó díí shí dooleeł t'éí nízin yiłní. Díí nihíni' danilįįgo nihá yinízin. Nidi nihiDiyin God doo ákót'ée da lá! Séítan ániigo, Ánihiilaii éí nida'iilzíhígíí t'éí yee nihaa nitsékeesgo nihijéí neiłkaah, t'óó atínihidoolíłígíí yiniyé, ní. Séítan éí ákót'éego Diyin yaa nitsékees. Díí hoł tł'éé' nahalinígíí nihá nahjį' kwíidoolííł biniyé, Jesus díí nahasdzáán bikáa'jį' nihaa níyá. Áko biTaa' ayóó'ánihó'níigo baa ákodaniidzin doo. ATaa' át'éhígi át'éego nihił íishjání íidoolííł yiniyé Jesus éí yá'ąąshdęę' nihaa níyá" (*Steps to Jesus*, p. 5).

Diyin God éí bíla'ashdla'ii niidlíinii ayóó'ánihó'níí lá. Baa hwiilne'ígíí bitsąądóó lá díidí ts'ídá aláahdi át'é ni. Kǫǫ nihitahgóó bąąhági át'éii biniinaa t'óó bahoo'ih nidi, nahasdzáán dóó yee hadadít'éii Diyin bibee ayóó'ó'ó'ni' yit'íní ádeile'. Bíla'ashdla'ii dabizaad ał'ąą ádaat'éhígíí díí doo t'áá ałtsojį' bee ak'izh'diitįįh da. Áko Diyin bibee ayóó'ó'ó'ni' ts'ídá t'áá ałtsojį' nihił íishjání íidoolííł yiniyé biYe' Jesus niheiníł'a'.

God loved you so much that He gave Jesus for you. He is your Friend if you will accept Him. Right now say: Father, I accept your Son Jesus as my Friend and Savior. My life is not what I want it to be. I believe you can help me. Thank you, in Jesus name.

God will give you whatever help you need most, because He loves you.

Diyin t'áá íiyisí ayóó'ánó'níigo biniinaa Jesus t'áá ni neiníł'a' lá. Áko íinínízingo Jesus éí ni dooleeł. T'áá k'ad Diyin God ákóbidiníigo bich'į' sodílzin: ShiTaa' nílíinii, yá'ąąshdi honílóonii, Jesus éí shí dooleeł nisin. T'áá éí t'éiyá yisdáshidoołtéełgo yíneel'ą́ baa ákonisin. Íídą́ą́' baa niséyáhígíí ła' doo ákóne' ádaat'ée da. Áko nidi shił béého̗zingo shíká adííłwołgo bíninil'ą́. Shá íinidzaaígíí baa ahééh nisin. Jesus Christ bízhi' bee t'áá ákót'ée doo.

Áko bííníkeedgo Diyin God éí níká adoolwoł, ts'ídá ayóó'ánó'nínígíí biniinaa.

Chapter 2

You Need God

In our last chapter we said that God loves you. This is the one most important thing you can learn from reading the Bible. The second is that you need God.

When God made the first man and first woman, they were perfect. They enjoyed talking to God. Earth was in harmony with heaven. "But after they sinned, they did not find happiness in being holy, and they tried to hide from God. Sinners today do the same. Because they do not love the things God loves, they do not enjoy being with Him or talking to Him in prayer. If God let them enter heaven, they would not be happy there. They would not enjoy being with God or spending time with the holy angels" (*Steps to Jesus*, pp. 11-12).

Paul says: "The man without the Spirit does not accept the things that come from the Spirit of God, for they are foolishness to him, and he cannot understand them, because they are spiritually discerned" (1 Corinthians 2:14).

Wólta'ii 2

Diyin Bídin Nílį

Áłtsé wólta'ii dayíníilta'ąą biyi'dóó, Diyin ayóó'ánó'ní, nihi'doo'niid. Díí éí Diyin God Bizaad biyi'dóó baa dahane'ígíí ts'ídá aláahdi át'é. Naaki góne'ígíí éí, Diyin God bídin nílį.

Diyin God éí Áłtsé Hastiin dóó Áłtsé Asdzą́ą́ ájiilaago bijéí ba'át'e' ádingo naa'aash nít'éé', dóó Diyin yił ahił nahalne'go yíneedlį́į́ nít'éé'. Yidísingo Diyin God yinááł naa'aash dóó yił aheełt'éego nitsékees nít'éé'. "Áko nidi bąąhági ádzaadóó bik'ijį' ts'ídá t'áá ákogi át'éii doo bił yá'át'éeh da silį́į́', áádóó Diyin God bits'ąą nídínéest'į́į́'. Díísh jį́įgóó t'ah nidi éigi ákódaniit'é. Diyin doo bił aheełt'éego baa nitsídeiikeesgo dasiidlį́į́', áko bí éí nihił naakaiígíí doo nihił danizhóní da łeh" (*Steps to Jesus*, pp. 11-12).

Paul ání: "Nidi Níłch'i Diyinii doo hwii' hólóonii éí Diyin God biNíłch'i Diyinii yee ak'ijidlíii doo hwee haleeh da. Éí t'áá ádzaaí át'é jinízin, áko doo hoł bééhoozį́į́' át'ée da, háálá éí Níłch'i Diyinii k'ehgo ak'izhdiitąą'go t'éiyá t'áá yíní át'éii hoł bééhodoozįįł" (1 Corinthians 2:14). "Háálá ts'ísee

"The sinful mind is hostile to God. It does not submit to God's law, nor can it do so" (Romans 8:7).

Without Christ, trying to be a better person won't work. It can't work. "Education, good manners, and willpower all have their place in helping us to do right things. But they cannot change our hearts and make our lives pure. Only a new life from above, a power working inside us, can change us from being sinful to being holy. That power is Christ. His grace alone can give life to our dead souls and draw us to God and holiness" (*Steps to Jesus*, p. 13).

God does these things for us. We are completely helpless without Him. Instead of us searching for Him, He searches for us. This shows us two things – God's great love for us, and our great need for Him. It's not just difficult to be saved on our own, it's impossible.

k'ehgo nidzinii éí Diyin God ye'ana'í nilį; éí Diyin God yee has'áanii doo yíhółníih da, t'áá aaníí doo óone' át'ée da" (Romans 8:7).

Christ éí t'áá géedgo, t'áá ákogi ánísht'ée dooleeł jinízingo nidi, doo bízhnéel'ą́ą da. "Íhoo'aah, k'é hwiindzin, ts'ídá nizhónígo naasháa dooleeł jinínígíí, índa bíká ájít'íní, díí t'áá ałtso yá'ádaat'ééh, nidi t'áá hó hwe'adziil éí doo bíighah da lá. Kót'éego baa nijigháago nidi, doo łahgo át'éego baa nitsídzíkees da. Diyin éí diné bijéítł'áahdi hanitsékeesígíí bidziilgo yinaalnishgo t'éí bíighah, áko yá'ąąshdę́ę́' ániid iinánígíí hwee hólǫǫ doo. T'áá ákót'éego t'éiyá diné ła' bąąhági ájít'éhę́ę ts'ídá yá'ájít'ééh jidooleeł. Hajéí bidziilgo yinaalishii éí Jesus át'į. Áko Diyin bibee ajooba' beego, hajéí bąąhági át'éii bił daaztsą́ nahalinígíí hiná ánéidoodlíiłgo át'é. Áko Diyin God dóó ts'ídá t'áá ákogi ádaat'éhígíí hoł nizhóní jileeh" (*Steps to Jesus*, p. 13).

Diyin God díí t'áá ałtsoní nihá áyiilaa. Áko ts'ídá t'áá ałtsoní binahjį' bídin daniidlį. Nihí doo Diyin hádadíníit'įį' da; Diyin éí nihá hánihidéez'įį'. Díí kǫ́ǫ baa hane'ígíí naaki t'áá haz'ą́ągo ááhyiłní: Diyin ayóó'ánihó'ní, dóó ayóo bídin daniidlį – díí t'áá áłah. Bee yisdáhidiikahii ádin, Jesus t'éiyá. Jesus t'áá géedgo doo ła' yisdázhdoogáłí da.

Without Christ we wouldn't want salvation. And if we did want it we wouldn't have any way to get it. The trouble is not that we try too little. Being saved by wanting or by trying is simply impossible. There's no way to do it.

Then how can anyone ever be saved? Through Jesus. By accepting Jesus as your Savior from sin you can have salvation as a free gift. God will simply give it to you, because of Jesus. "Salvation is found in no one else, for there is no other name under heaven given to men by which we must be saved" (Acts 4:12).

If we look for help anywhere else we won't find it. God has only given us one way to be saved. But then how many ways do we need? "God has a deep interest in His earthly children. His love for us is stronger than any other power. In giving up His Son, God has poured out to us all heaven in one gift" (*Steps to Jesus*, p. 16).

Jesus t'áá géedgo, yisdánízhdoodáłígíí nidi doo jinízin da łeh. Áádóó t'áá shí yisdá'ádideeshłééł jinízingo shįį́, doo bízhneel'ą́ą da. Yisdá'iildééh bíká dzooldziłgi bi'oshneel-'ánígíí doo bíighah da. Diné ła' t'áá hó binijilnishígíí bee yisdázhdoogáłígíí éí doo éí át'ée da. Ts'ídá doo bohónéedzą́ą da.

Ákohgoósh haléit'éego bee yisdázhdoogááł lá? Jesus beego t'éiyá. Jesus Yisdá'iiníłígíí bídin daniidlį́. Diné ła' Jesus wooshdlą́ dóó k'ad kodóó ba'íínishłíi dooleeł jiníigo, t'áá k'ad yisdázhdoogááł lá – t'áadoo bą́ąh ílínígóó, ts'ídá t'áá jíík'e. Jesus t'éí beego aTaa' éí iiná hweidooléél. "Náánáła' bee yisdá'doodáałii doo nááhódlǫǫ da, háálá yádiłhił biyaagi yízhí náánáła' bee yisdáhiikáah dooleełii ts'ídá doo ła' nihokáá' dine'é baa náádeet'ą́ą da" (Acts 4:12).

Ts'ídá nááná ła' háiida binahjį' yisdázhdoogáłígíí doo nááhódlǫǫ da. Jesus t'éí bee yisdá'iildééh lá. Nidi díí t'ah náábíláhíjį' ha'át'íishą' ałdó' bídin náájídlįį doo? "Diyin éí ts'ídá ayóó'ánihó'níigo nihaa nitsékees. Bibee ayóó'ó'ó'ni' azhą́ aninéhígíí nidi biláahgo bidziil. BiYe' Jesus Christ nihá ninéidiní'ánígíí binahjį'go yá'ąąshdi hólónígíí t'áá ałtso nihaidiní'ą́ągo át'é" (*Steps to Jesus*, p. 16).

Nothing can stop you from accepting God's Gift. No sin you have done, no mistake you have made can stand in the way of your accepting Jesus and His accepting you. If you haven't come to Him already, do it now. Say, Father, I see that I need you. I can't save myself by anything I do. Give me life and salvation because of Your Son, Jesus. Thank you for doing this in Jesus' name.

Díí nihaidiní'ánígíí niidzingogo ts'ídá t'áadoo yinóołtł'ahí da. Bąąhági át'éii łą'í baa nijiiyá dóó ni'jiisíih nidi Jesus be'ayóó'ó'ó'ni' yee náhwiidoosaałgo át'éé lá. Jesus nich'į' yeidlee'ígíí t'ah doo nídiiléégóogo k'ad níhíkeedgo ádiih nilyé. Bee ádíní dooleełígíí éí: ShiTaa', yá'ąąshdi honílóonii, k'ad éí nídin nishłínígíí baa ákonisin. Shił béého̱zingo doo t'áá shí she'adziil bee yisdádeeshááł át'ée da. Iiná dóó yisdá'iildééh shaa díílééł, Jesus Christ bízhi' biníká góne'. Nííníshkeedígíí t'áá ałtso shá be'iinilaaígíí baa ahééh nisin.

Chapter 3

Being Sorry for Sin: Repentance

On the day of Pentecost Peter preached a powerful sermon to the Jewish people in Jerusalem. They saw that they had sinned by crucifying Christ, and asked, "What shall we do?" (Acts 2:37). Peter's answer was simple. He said, "Repent and be baptized, every one of you, in the name of Jesus Christ for the forgiveness of your sins " (Acts 2:38).

Repent. But what does it mean to repent? "Many people do not really understand true repentance. Millions are sorry that they have sinned. They even change their ways, because they are afraid that their wrongdoing will cause them suffering. But this is not true repentance; it is not the kind the Bible tells about. These people are sorry that sin may make them suffer, but they are not sorry for the sin itself" (*Steps to Jesus*, pp. 18-19).

Wólta'ii 3

Łahgo Át'éego Diyin God Bich'į' Tsínáhodiikeesgo

Ałk'idą́ą́' Pentecost beiníłką́ągo Peter éí Jew dine'é Jerusalemgi nidaakaiígíí ná'iłnáago bidziilgo yił hoolne'. Jesus éí tsin ałnáoszid bikáa'jį' yił ada'askaal, áko doo ákóne' ádáát'įįdę́ę yaa ákodaniizį́į'go yą́ąh dabíni'. "Ákoshą' haa dadii'nííł?" na'ídééłkid (Acts 2:37). Peter ákóníigo t'áá k'éhézdonígo áyidííniid: "T'áała'í nootínígo łahgo át'éego Diyin God bich'į' tsíńdahidohkeesgo Jesus Christ bízhi' bee tó bee danihi'dólzį́įh, áko Diyin God bich'į' ádił da'soohsí'ígíí nihá yóó'iididoo'ááł" (Acts 2:38).

"Łahgo át'éego Diyin God bich'į' tsíńdahidohkees," nihiłní kwe'é. Nidi kónígíí ha'át'íí lá ááhyiłní? "Diné t'óó ahayóí, łahgo át'éego Diyin God bich'į' nitsínízdookosígíí doo bił béédahózin da. Ajiisiih bił béédahózingo yą́ąh dabíni', áádóó kodóó nizhónígo nijigháa dooleeł, daaníi łeh. Shik'éí yá'át'éehgo shaa nitsídaakees doo, danízingo ákódaaníí shį́į. Doo ákót'éego Diyin God bich'į' łahgo át'éego tsínázdiikees da, Saad Diyinii bik'ehgo. T'óó shį́į ti'dahwiizhdoonihígíí bee dadzildzidgogo, áko Diyin bich'į' asésiih ni' dajinínígíí éí t'óó ádajiní" (*Steps to Jesus*, pp. 18-19).

After Judas, who was one of the twelve disciples, handed Jesus over and saw that he would suffer for what he had done, he seemed to repent. "He was afraid that he might have to suffer for what he had done, but he felt no deep, heart-breaking sorrow for selling the perfect Son of God to die. He was not sorry that he had turned away from Jesus, the Holy One of Israel" (*Steps to Jesus*, p. 19).

On the other hand, when David sinned by taking a woman named Bathsheba away from her husband and making her his own wife, he knew that what he had done was wrong. Afterward he was truly sorry for his sin. His repentance was sincere and deep. He didn't try to hide his mistake from God, but admitted it freely. He prayed:

"Be merciful to me, O God, because of your constant love. Because of your great mercy wipe away my sins! Wash away all my evil, and make me clean from my sin! I recognize my faults; I am always conscious of my sins. . . .

Judas, éí Jesus naakits'áadah bikéé' naakaiígíí atah jílínígíí éí Jesus ninázhdiní'á. Áádóó bik'ijį' bik'ee ti'hwiideeshnihígíí baa ákozniizį́į', áko łahgo át'éego baa tsínízdeezkééz nahalin. Nidi doo t'áá aaníí ájínii da. "Ti'hoo'nííh hodooleełii t'éí yąąh bíni' nít'éé'. Doo t'áá íiyisí bijéítł'ááhdę́ę́' yee yaa yíníił tsínídeezkéez da, azhą́ Diyin God biYe' – Ízrel dine'é biDiyin nilínígíí – ninádiní'ą́ą nidi" (*Steps to Jesus*, p. 19).

Łahdą́ą' shį́į David, aláahgo naat'áanii nilínígíí, ałdó' bąąhági ádzaa. Asdzání bahastiin t'áá íídą́ą' hólǫ́ǫgo ła', éí Bathshííba wolyé. Asdzánígíí nizhónígo biniinaa bidázhnoosníí', bahastiinę́ę baazht'íí lá, áádóó hwe'asdzą́ą́ ájiilaa. Áko bąąhági ájiidzaaígíí biniinaa bąąh háni'go baa tsízdeezkééz. Doo t'óó bik'ee ti'hwiizhdoonihígíí t'éí bąąh háni' da; t'áá aaníí łahgo át'éego Diyin God bich'į' tsínízdeezkééz. Doo ákǫ́ǫ ájíít'įįdę́ę doo nízdees'į́į' da; doo neinił'ingóó Diyin bee bił hojoolne'. Ákóníigo sozdoolzin lá:

"Diyin God nílíinii, aa a'ááh nínízinii bik'ehgo shaa jiiníbaah; bee aa a'ááh nínízinii t'óó ahayóígíí bik'ehgo bee haz'áanii héti'ii shá k'éé'íłchxǫǫh. Doo ákwii áát'įįdii ałtso shąąh táánígis áádóó ádił ni'ayészíi'ii shąąh dííłdah! Háálá bee haz'áanii héti'ii baa ákoniizį́į', índa ádił ni'ayészíi'ii t'áá

Create a pure heart in me, O God, and put a new and loyal spirit in me. Do not banish me from your presence; do not take your holy spirit away from me" (Psalm 51:1-3, 10-11, GNT).

"He prayed not only for forgiveness but for a clean heart. He wanted the joy of holiness—to be brought back into harmony with God" (*Steps to Jesus*, p. 20).

The point is this: True repentance doesn't mean being sorry for the punishment you see coming. Anyone can be sorry for that. We don't need help from God to be sorry for what might happen to us. But we do need help from God to be sorry for our sins. There's a difference. The one means being sorry that *you* might suffer in hell. The other means being sorry that *Jesus* had to suffer for you on the cross.

Jesus gives us repentance, just as He gives us salvation. "The Bible does not teach that the sinner must

áłahjį' shi'diił'á. . . . Diyin God nílíinii, baa'ihii shijéí bii' ádingo áníléeh, áádóó níłch'i shii' hólónígíí baa áhódlíigo ániidí ánánídléeh. Honílónígíí bits'ą́ą́jį' áshóléeh lágo, áádóó niNíłch'i Diyinii shits'ą́ą́jį' kóole' yíila' " (Psalm 51:1-3, 10-11).

"Shaa nídiní'aah jiníigo, doo éí t'éí bíká sozdoolzin da; shijéí yá'át'éehgo shá ánánídléeh jiníigo jíikeed. Ts'ídá t'áá ákogi é'ét'éii bibee ił hózhǫ́ hwee náhódleeh laanaa jinízin; Diyin God nizhónígo bił ahił nááhojilne' le' laanaa jinízin" (*Steps to Jesus*, p. 20).

Aláahdi áähdii'nínígíí éí díí: T'áá aaníí łahgo át'éego Diyin God bich'į' tsínáhodookosígíí éí doo ti'hwiidoo'nihígíí t'éí biniinaago bąąh háni' da. Ti'hoo'nííh éí báhádzid; Diyin t'áá géed nidi díí éí bąąh háni' łeh. T'áá háiida ákózhdooníił. Áko nidi Diyin God éí hajéí bii' hólǫǫgo t'éiyá bąąhági át'éii bąąh háni' dooleełgo bízhneel'ą́. Diyin t'áá géedgo éiyá *t'áá hó* ádá ti'hwiizhdoonihígíí ch'įįdiitahgóó baa nitsídzíkeesgo bąąh háni' łeh. Diyin bił łá'í nijigháago, *Jesus* t'áá bí ałk'idą́ą́' shá ti'hooznii' tsin ałnáoszid bikáa'jį' baa nitsídzíkees łeh.

Jesus éí nihí łahgo át'éego Diyin God bich'į' tsínídadiikosgo íidoolííł, dóó yisdánihidoołtį – t'áá áłah. "T'áá ákót'éego Diyin Bizaad yee na'nitin: Áłtsé Jesus baa níjídááh

repent before he can accept Christ's invitation, 'Come to me, all of you who are tired from carrying heavy loads, and I will give you rest' (Matthew 11:28). Christ's grace, His power, leads a person to truly repent" (*Steps to Jesus*, pp. 21-22).

We've said that repenting means being sorry for sin. But it means more than just being sorry. It also means turning away from sin. No one can be truly sorry for something he hopes to do again. He can be sorry for the guilt of a sin he hopes to do again, but not for the sin itself. To repent of your sins you must turn away from them.

It's very important to know this. It's also important to know that we can't do it. We can make people think we've put away a certain sin. We can even fool ourselves. But the desire to do that sin, or another one just as bad, is still in our hearts. Only Jesus can take that away. We are sinful and only Jesus can change our thinking so that we want different things than we once wanted. Come to God and in Jesus'

– t'áá ájít'éhígi át'éego. Áádóó índa yá'át'éehgo tsínízdidookos, dóó habąąhági át'éii bąąh háni' doo. Jesus ání: 'Dziil nihigháanii áádóó nihiyéél dandaazii t'áá ánółtso hágo, shaa hohkááh, áko háádaałyį́įhgo ánihideeshłííł' (Matthew 11:28). Áłtsé shį́į t'áá ni łahgo át'éego shich'į' tsínídahidoohkees áádóó índa shaa hohkááh, doo níi da lá! Jesus ách'į' ninihíí'éésh, áádóó índa łahgo át'éego tsínídahidiikeesgo ádanihiile'" (*Steps to Jesus*, pp. 21-22).

T'áá aaníí łahgo át'éego Diyin God bich'į' tsínízdeezkéezgo doo ákóne' ájiidzaaígíí éí biniinaa bąąh háni' dooleeł, dadii'ní. Nidi doo t'óó bąąh háni' da. Ałdó' yóó'azhdi'ááh. Díida, éida ánáádeesh'nííł jinízingo áko doo t'áá aaníí bąąh háni' da. Ha'át'e' doo yóó'azhdi'aahgóogo doo t'áá aaníí łahgo át'éego tsínízdeezkéez da.

Díí t'áá ałtso baa ákoznízingo éí yá'át'ééh, nidi t'áá hó t'éiyá t'áadoo diyin k'ehgo bízhneel'ání da. Bił kééhojit'íinii bąąhági át'éii yóó'iidíí'ąą lá danízingo shaa nitsídaakees doo, jinízin łeh. Shí k'ad yóó'adíí'ą ni jiníigo ázhdinót'áahgo shį́į haz'ąą lá ałdó'. Nidi t'ahdii hajéítł'áahdi ánáázhdoo'nííłgo át'ée łeh. Jesus t'éí hajéí bii' hólǫǫgo nihíni' łahgo ánéidoodlííłgo yíneel'ą, áko yá'ádaat'éhígíí daniidzin doo.

name say: Change me so that in my heart I will hate sin, and help me to turn away from it.

You can't do either of these things without Jesus, but if you come to Him in faith and simply ask for these blessings He will give them to you. He can do for you what you can't do for yourself. Ask Him.

Yucca. State flower of New Mexico.

Diyin bináałgo Jesus yízhi' bee ákóbidiní: Shibąąhági át'éii yę́ę t'áá aaníí shijéítł'ááhdóó yóó'adish'aah nisingo áshíléeh, áko doo ákóne' íishłaaígíí jiinishłá áshidíílííł.

Jesus t'áá géedgo łahgo át'éego nitsídzíkeesgo doo bízhneel'ą́ą da lá, nidi bííníkeedgo dóó nijéí bii' yinídlą́ągo, díí t'áá ałtso ná íidoolííł. Doo bíninil'ánígíí Jesus ná íidoolííłgo át'é. Bííníkeed.

Chapter 4

Bringing Sins to Jesus: Confession

In chapter three we talked about repentance. Once you've asked for this, believe that God hears you and then bring your sins to Him. It isn't necessary to pay for your sins by doing some good thing. Without Christ you can't do good things, and even if you could, they wouldn't pay for your sins. When you come to Jesus just tell Him what you did and that you're sorry. That's all.

Sometimes a sin hurts more than God. Sometimes it hurts other people besides yourself. If you find that your actions have hurt someone else, you must make things right with that person. Once Jesus said: "Therefore, if you are offering your gift at the altar and there remember that your brother has something against you, leave your gift there in front of the altar. First go and be reconciled to your brother; then come and offer your gift" (Matthew 5:23, 24).

When you need to confess a sin to God, or tell someone you're sorry, be specific and be honest. But if God is the only One you've hurt, then God is the only One you

Wólta'ii 4

Habąąhági Át'éii Bee Ádaa Hojilne'go

Wólta'ii táá' góne' nilínęę biyi'dóó, t'áá aaníí łahgo át'éego Diyin God bich'į' tsínízdookosgo baa hóóne'. Diyin, díí shaa nílé bidííníniidgo, yinídlą́ą doo áko nibąąhági át'éii baa díílééł. Yisdá'iildééh éí yá'át'éehgo baa naninááhígíí doo bee bik'é na'nílée da doo. Jó Christ t'áá géedgogo yá'ádaat'éhígíí doo bíninil'ą́ą da; áádóó bíninil'ą́ą ládą́ą' yá'át'éehii baa naninááhígíí doo bee ná bik'é na'ílyée da. Jesus baa nínáahgo díí doo ákóne' áshłaa t'éí bididííniił. T'áá éí t'éiyá.

Doo ákóne'é íinidzaagóogo náánáła' diné bídéet'i'góogo, éí bił k'é ná'ahididíí'niił. Hádą́ą' shį́į́ Jesus ání: "Éí bąą bikáá' náá'iiniihí bikáá'dóó náá'ayíłniihgo, nít'éé' nik'is bíni' yiniłł'a' yę́ę béénílnii'go, t'áá ákwii náhidííłnihígíí bikáá' náá'iiniihí bíighahgi nidíílééł, áádóó nik'is áłtsé bich'į' nídíídáałgo bił k'é ná'ahididíí'niił, áko índa nídíídáałgo náádi'yííłnih" (Matthew 5:23-24).

Doo yá'át'éehii íinidzaago áko Diyin God éí doodago bił kééhót'íinii ts'ídá t'áá aaníígóó bee bich'į' ádaa hodíílnih. Diyin God t'éí bídéet'i'go áko Diyin God t'éí bił k'é

should confess to. Make things right with whoever has been wronged by your actions.

In the beginning God tested the first man and first woman by asking them not to eat the fruit growing on a certain tree: God said, "You must not eat fruit from the tree that is in the middle of the garden" (Genesis 3:3). God was our first parents' Maker and had a right to tell them what to do, but He wanted them to trust Him and accept His authority from their hearts. The test He gave was not hard, but it was important.

Both the man and the woman ate what God had told them not to, and by doing this they sinned. When God asked what they had done: "The man said, 'The woman you put here with me – she gave me some fruit from the tree, and I ate it.' Then the Lord God said to the woman, 'What is this you have done?' The woman said, 'The serpent deceived me, and I ate'" (Genesis 3:12-13).

Notice that both admitted their sin, but only because they couldn't get out of it. And along with their confession

ná'ahididíí'niił. Bíni' bídéet'i'ii t'éiyá bee bił hólne'go nijéí ąą áníléeh.

Hodeeyáádąą' Diyin God éí Áłtsé Hastiin dóó Áłtsé Asdzą́ą́ hwe'oodlą' neiłkaah doo biniyé áyidííniid: "[T]sin bineest'ą' hólóonii dá'ák'eh ałníi'gi sikaadígíí . . . Éí doo bąąhdóó adoohsįįł da" (Genesis 3:3). Diyin God áhoolaago áko éí biniinaa shik'eh honoł'į hodííniid. Ákót'éego yididooniiłgo haz'ą́ą́ lá, nidi hajéí bii' sha'ólíi doo ałdó' nááníidzįį'. Hwe'oodlą' bee bééhózin dooleełii doo há nantł'ah da nít'éé', nidi aláahdi át'éé lá.

Hastiin dóó be'asdzą́ą́ t'áá áłah tsinęę bąąh ajííyą́ą'go ajisiih. Áko Diyin God hastiinęę áyidííniid: "Da' tsin doo bąąhdóó adííyįįł da, nidishní yęęésh bąąhdóó ííníyą́ą'? Áko diné ázhdííniid, Asdzání shéíníłtįįgo bił naash'aashígíí éí sha'níłtsoodgo yíyą́ą'. Áádóó Bóhólníihii Diyin God éí asdzání áyidííniid, Dííshą' ha'át'íí baa nisíníyá? Áko asdzání ázhdííniid, Tł'iish shina'azlo'go bíniik'ehgo yíyą́ą' " (Genesis 3:11-13).

Hastiin dóó asdzání t'áá áłah, Aoo', tsin bąąhdóó yíyą́ą', yee ádaa hoolne' – doo íidzaa didooniiłęę doo bíighah da biniinaa. Áko azhą ákwíishłaa níi nidi, doo t'áá íiyisí shí

they both brought an excuse. You gave me this woman, it's Your fault that I listened to her. The man didn't say it this way, but this is what his words meant. Why did You make this serpent? If You hadn't done that, I never would have sinned. This is the intent of what the woman was saying. But saying such things is not real confession and in one sense it's not confession at all. Whenever you come to God, don't make excuses. Just tell Him the truth.

An excuse is a way of saying that your sin wasn't so bad after all. If it wasn't so bad, then why confess it? But if you don't confess, your sin remains. So how is that going to help you?

Actually Jesus is much better than an excuse. He can help you get rid of sin so that it's really gone. Be honest with yourself. If you've sinned, confess your sin to God and it really will be gone. Do you think that after giving His Son to die for you He would send you away? Not at all! "All that the Father gives me will come to me, and whoever comes to me I will never drive away" (John 6:37).

"A brokenhearted person, humbled by true repentance, will see how much God loves him. He will

da, níigo ání. Asdzání sheíníłtínę́ę yínísts'ą́ą'go biniinaa asésiih, ní hastiin. Ni éí tł'iish íinilaa. Doo íinilaagóó sha'shin shí doo asésiih da doo nít'éé', ní asdzání. Bijéí bii' t'áá íiyisí ááhyiłnínę́ę éí kóníigo ání. Diné ła' shí doo íiyisí asésiih da jiníigo, habąąhági át'éii doo ts'ídá bee ádaa náhojilne' da. Doo t'áá ádzaagóó hojilne' da, nidi t'áá aaníí ájiidzaaígíí Diyin God bee bił hozhdoolnih.

Ni éí, Doo asésiih da diníigo, doo íiyisí bąąhági ásdzaa da óolyé. Íinidzaaígíí doo bee nik'íhót'ahí da, áko ha'át'éegoshą' Diyin bee bich'į' ádaa hodíílnih? Nidi doo bee ádaa hodíílnihgóogo nibąąhági át'éii t'ahdii hólǫ́. Díishą' haash yit'éego ná yá'át'éeh?

Hayooch'íidgo bee ádaa hojilne'ígíí éí doo há íłį́į da. Jesus t'éí íłį́. Bąąhági íinidzaago, Diyin God bee bich'į' ádaa hwíínílne'go índa nibąąhági át'éii yę́ę ts'ídá ádin dooleeł. Nibąąhági át'éii t'áadoo baa nichį'í. ATaa' éí biYe' Jesus ná ninéidiní'ą́ągoósh nahjį' kónidoolííł? Dooda lą́ą! "Shaa-zhníyáhígíí éí t'áá íiyisí doo nówehjį' hodideeshniił da" (John 6:37).

"T'áá háiida a'ohgo ádaa nitsídzíkeesígíí, t'áá aaníí łahgo át'éego Diyin God bich'į' tsínízdeezkéezgo, Diyin bibee

understand the cost of Calvary. The sinner who is really sorry will confess. He will come to God as freely as a son comes to a loving father. John wrote, 'If we confess our sins to God, he will keep his promise and do what is right: he will forgive us our sins and purify us from all our wrongdoing' (1 John 1:9)" (*Steps to Jesus*, p. 38).

ayóó'ó'ó'ni' dóó Calvary hoolyéedi áhóót'įįdígíí hoł nilį́į doo. Áádóó aye' jílínígíí éí hazhé'é ayóó'áhó'nínígíí, asésiih yiłníi łeh nahalingo, t'áá ákót'éego habąąhági át'éii t'áá ałtso Diyin God bee bich'į' ádaa hozhdoolnih. Ákohgo Diyin Bizaad ánínígi át'éego, 'Bąąhági ádeiit'ínígíí bee ádaa dahwiilne'go, hó ha'ahódlíii índa ts'ídá t'áá ákogi áánííłii jílį́įgo nihibąąhági ádaat'éii ałtso nihá yóó'azhdidoo'ááł, áádóó doo t'áá ákogi ádeiit'įįdii ałtso nihąąh tááazhdoogis ' (1 John 1:9)" (*Steps to Jesus*, p. 38).

Chapter 5

Leaving Sins With Jesus: How to Live a Changed Life

You have learned that God loves you, and that you need Him. You've been truly sorry for your past sins and have brought them to Jesus. Now you want to leave these sins behind and live a better life. How will you do this? You're still human and you have habits. Some of these habits are bad ones that you want to give up. You've already dealt with past sin, but how do you guard against future sin? How do you go about living a changed life?

Paul says, "So then, just as you received Christ Jesus as Lord, continue to live in him" (Colossians 2:6). Christ has brought you this far. He has given you love, repentance, and forgiveness. What did you do to get these things? You simply asked. Jesus did all of this for you. You cooperated with what He was doing, but you did none of it yourself.

That situation will not change as you become a more mature Christian. You will go on from here in just the same

Wólta'ii 5

Habąąhági Át'éii Jesus Baazhdee'aahgo: Łahgo Át'éego Jiinánígíí

Nił béého̜zingo Diyin ayóó'ánó'ní, áádóó bídin nílį. Nibąąhági át'éii yę́ę t'áá aaníí bąąh níni' síníłį́į' dóó Jesus beínílá. K'ad índa shibąąhági át'éii yę́ę yóó'adideesh'ááł jinízin shįį sha'shin, dóó yá'át'éehgo nijigháa dooleeł bee ádaa nitsídzíkees. Díísh hait'éego ádíílííł? T'ah nidi bíla' ashdla'ii nílįįgo, haléit'éego ts'ídá łahgo át'éego hinínáa doo? Nibąąhági ádaat'éii yę́ę naa nídeet'ą́, áko éí ádaasdįįd. Nidi ni'iidzihígíí ch'ééh yóó'adideesh'ááł nínízingo, haash yit'éego bíninil'ąą doo? Hait'éego iiná ániidígíí bee hinínáa doo?

Paul ání, "Éí bąą Christ Jesus nihiBóhólníihii nihee dahazlį́'ígi át'éego baa dadzíínóhłíigo bee dayínóhkááh" (Colossians 2:6). Christ nił yi'ashgo kónízahíjį' nííníyá. Diyin éí ayóó'íiní'ní, dóó bąąhági át'éii yę́ę bąąh níni'go ániilaa, dóó ná ch'éidiní'ą́. Díísh haa áhóót'įįd? Bííníkeedgo t'éiyá. Jesus díí t'áá ałtso ná ádzaa. Bí éí nił yi'ashgo ákódzaa, áko Jesus t'áá géedgo t'áadoo ła' ádá íinidzaaí da lá.

Kodóó Jesus t'áá ákót'éego nił náás doo'ash. Kónízahjį' nííníyáhígi át'éego náás náánádáał doo – t'ah nidi t'áadoo

way that you have come this far – by asking Christ to do for you what you couldn't do for yourself.

Now you say, this is all very good. But I've got real sins in my life. Somehow I've got to overcome them. What can I do about these sins? Are you going to do this by diligent, personal effort? Really diligent, personal effort! How? You are sinful. How can you destroy something that's a part of your very nature? You can't do that!

But Christ's presence destroys sin. This means just one thing. You need Christ. He can do for you things that you can't possibly do for yourself. He can get rid of sin so that it's really gone. Even though you are sinful, Christ can change your way of thinking. He can do this for you if you ask Him. But you've got to ask!

Asking for something is not the same as working for it. In spiritual things Jesus does the work and you receive the benefit. What do you think? Is receiving money the same as working for it? Not quite! If a person offered you a thousand dollars, would that automatically mean you had earned it?

bíninil'ání da nidi Jesus nił náánát'ash doo, díida, éida shá ádíílííł bííníkeedgo.

T'óó ájíní shííní'nííh? Bąąhági át'éii bidziilii ch'ééh yóó'adish'aah, diníishłí? Díí t'áá ałtso baa hóóne'ígíí hait'éego shá niłdzil doo, jiní daats'í? T'áá ni yéego binanilnishgo daats'í yóó'adidíí'áałgo át'é daats'í? Ts'ídá *yéego* binanilnishgo. Díísh hait'éego ákót'ee doo? Ni éí bąąhági ánít'į. Áko ánít'éhígíí ádííłdįįłgoósh bíninil'ą? Dooda lą́ą!

Áko nidi Christ hólǫǫdi bąąhági át'éii ádįįh. Díí hazhó'ó baa nitsíníkees. Ááhyiłnínígíí éí, Christ bídin nílįį lá. Doo bíninil'ąą daígíí ná íidoolííłgo át'é. Bąąhági át'éii nijéí bii' hólónígíí ná íidoołdįįł – t'áá aaníí ásdįįdįį'. Azhą́ bąąhági ádaniit'ée nidi nihijéí bii' laanaa daniidzinígíí ts'ídá t'áá ałtso Christ beego ánéidoodlííł. Nidi bííníkeedgo t'éí ádooníííł!

Ha'át'íhída bíjókeedgo, hailyéhígíí biniyé nijilnishígíí doo bił aheełt'ée da. Bíni'dii Jesus diyin k'ehgo naalnish, ni éí ádiih neilyé. Ha'át'íísh baa nitsíníkees? Diné ła' béeso t'óó haininilgoósh bik'é nijishnish? Dooda sha'shin! Háí shįį t'áálą́hídi míil yázhíígíí béeso t'áá jíík'e haa deeshnił nidííniidgo, lą́'ąą bidiniihgo, ákoósh bik'é nishínílnish?

No. But you are able to accept or reject it. And if you accept the gift, that still would not mean you had earned it. Someone else worked hard for that thousand dollars. They earned it. You merely accepted it.

If you ask Jesus to come into your life and fight sin for you, He knows how to do that. He defeated sin when He was living here on earth. So He can tell you, Here is victory over this particular problem. Will you accept My victory into your life? Then, just like the thousand dollars we used as an illustration, you can either accept His victory or reject it. The choice is yours. If you accept what He offers, does that mean you earned it? No! Jesus earned it, not you.

Please remember carefully what I am about to say: If your fight against sin is ever to be successful, it won't be a fight against sin. Instead it will be a fight against anything that would separate you from Jesus. It will be a fight to overcome the feeling that you don't need to ask God for help just this once because, after all, there are some things you can do for yourself. Friend, there is nothing you can do for yourself *without* Jesus. (Read John 15:5.) On the other hand there is nothing you can't do *with* Jesus. (Read Philippians 4:13.) So in one word the difference between success and

Dooda lą́ą! Diné hái shį́į́ naashnishgo bibéeso hazlį́į'. Ni éí t'óó neí'nil.

T'áá ákohgo Jesus bíínikeedgo, shijéí biih nínáahgo shíká anánílwo' diníigo, bąąhági át'éii ch'ééh yóó'adish'aah bidiníigo, níká adoolwoł. Ałk'idą́ą' Jesus bąąhági át'éii t'áá ałtso yik'eh deesdlį́į'. Áko ánílní, Díida, éida ná bik'eh déshdlį́į' shiyázhí; díí baa naasháhígi át'éegoósh naninága doo k'ad? Kót'éego míil yázhí béeso ha'nínę́ę nahalingo Jesus ná áyiilaaígíí neinílá. Doo nisin da bidiníigo ná bee ahóót'i'. Jó t'áá ni éí bee nóhólníih. Nidi nisin bidiníigoósh, da' t'áá ni ne'adziilísh bee ak'eh dínídlį́į'? Dooda lą́ą! Jesus éí ałk'idą́ą' naashnishgo ak'eh deesdlį́į'. Doo ni ninaanish át'ée da.

Díí hazhó'ó yíníłta' dóó béénílniih: Bąąhági át'éii bik'eh dínídlį́į'gogo, doo bąąhági át'éii t'éiyá baa nitsíníkeesgóó ak'eh dínídlį́į' da. Jesus éí yéego ba'íínílí. Diné ła', kwe'é t'éí Jesus t'áá géedgo baa naasháago bííníshghah jiníigo, éí doo há yá'át'éeh da. Kwá'ásiní, t'áá ni Jesus *t'áá géedgo* tsídá t'áadoo bíninil'ání da. (John 15:5 yíníłta'.) T'áá ákót'ée nidi, Jesus *t'áá biłgo* éí t'áá ałtsoní ádíílíiłgo bíninil'ą́ą lá. (Philippians 4:13 néíníłta'.) Áko aláahdi át'éhígíí éí Jesus

failure in spiritual things is Jesus. You need to keep on choosing Him every day you live. This is where the real fight is, and He will help you win it. Let Jesus take care of sin; you keep your mind on Him.

How much victory is possible in this way? Well, if you want Christ to change your whole life, you must give Him your whole life. You can't belong to Jesus half way. You are either His or you are not. When you belong to Jesus you may still have faults (see Romans 7:21); and He knows this, but He can change you. The important thing is this: Christ is either present in your life changing you into His likeness, or He is not. You must be His completely.

"Some people say that they serve God, but they try to obey His laws without His help. By their own works they try to develop a good character and receive salvation. Their hearts are not moved by the love of Christ. They try to do good works because they think God requires this in order for them to reach heaven. Such religion is worth nothing" (*Steps to Jesus*, p. 41).

át'éé lá. T'áadoo nát'ą́ą́' ninááhidídáhígo nił yi'ash doo. Bíni'dii bąąhági át'éii bídéet'i'; ni éí Jesus nił yi'ashígíí t'éí baa nitsíníkees dooleeł.

Haa lá níłtsogo shibąąhági át'éi ádoodįįł jinízin daats'í? T'áá át'é Christ hajéí łahgo át'éego shá íidoolííł jinízingo, áko hajéí t'áá át'é baa díílééł. T'áá áłts'íísígo Jesus bíí' nishłį́į dooleeł doo jiníi da. Bíí' jílį́įdóó, doo bíí' jílį́įgóó, éí naaki ał'ąą át'é. Jesus bíí' nílį́į nidi ni'át'e' t'ahdii nidáahgi hólǫ́ǫ shį́į sha'shin (Romans 7:21 yíníłta'); éidí bił béého̱zingo ákót'é, nidi nijéí łahgo át'éego íidoolííłgo yíneel'ą́. Aláahdi át'éhígíí éí díí: Christ nijéí bii' hólǫǫgo hasht'enáánidoodlííł; éí doodago nijéí bii' ádin. Ákohgo ts'ídá t'áá sínízį́į nít'éé' bich'į' niná'ádinít'aah doo.

"Diné ła' shí lá Diyin God bá naash'a' daaní. T'áá shí nizhónígo yisháál, dóó shijéí nidi t'áá shí yá'át'éehii bii' hólǫǫgo ánáádeeshdlííł daaní. Jesus be'ayóó'ó'ó'ni' doo bijéítł'ááhdę́ę'go yaa ákodanízin da. Ha'át'íhída ázhdooníłígíí ádaaníił, t'óó yá'ąąshii bił haz'ą́adi atah hojílǫǫ dooleeł biniyé. Nahaghá ákót'éii doo íl̨į́į da" (*Steps to Jesus*, p. 41).

"When Christ lives in us, we will be filled with His love. The joy of His friendship will make us want to be near Him. We shall think about Him so much that we will forget our selfish desires. Love for Him will guide every action" (*Steps to Jesus*, p. 41).

When love for Christ is the reason why you do things, then you're a Christian even if you still have faults. And you will grow, as God wants you to, into a beautiful member of His kingdom.

"Christ hajéí bii' hólǫǫgogo, bí éí aláahgo baa nitsídzíkees doo áádóó bik'eh hojíł'į́į doo. Jesus hoł yi'ashgo ayóo baa hózhǫ́ǫ doo áádóó bízhneedlį́įgo ts'ídá agháago baa nitsídzíkees doo. Ákót'éego jiináago doo t'áá íiyisí ádaa nitsídzíkees da łeh. Jesus ayóó'áhó'níigo biniinaa bił yá'ádaat'éehii baa nijigháa doo" (*Steps to Jesus*, p. 41).

Baa naninágíí éí Christ ayóó'íiní'nínígíí biniinaa baa naninágogo dóó bígi át'éego nitsíníkeesgogo, áko t'áá aaníí oodlání nílį́į lá, azhą́ shį́į́ t'ahdii ni'iyísíih nidi. T'áá ákohgo diyin k'ehgo díníísééł. Bí éí ná yinízingi át'éego yinídlą́ągo ba'íinílíigo, łah beiníłkąą́go yá'ąąshii bił haz'ą́ądi Diyin t'áá bí bił honílǫǫ doo.

Chapter 6

Believing God

There is a big difference between the way Jesus lived and the way we live. As we draw closer to Him this becomes more and more clear. The fact is that, while He is holy, we are not. So His holiness makes our sinfulness stand out. In His presence sin appears as it really is – ugly and undesirable. It's only when we know Jesus that we can truly learn to hate our sins.

As you begin to see that your sins really are sins, and that this is not just something we say, you may feel that Christ can't forgive you. You may even feel that the sins you brought to Him before are not completely forgiven, that some of your guilt remains. This is simply not true.

"You need peace – Heaven's forgiveness and peace and love. Money cannot buy that peace. Study will not give it. The mind cannot find it. Being wise will not provide it. You can never hope to receive this peace by your own work

Wólta'ii 6

Diyin God Joodlą́ągo

Jesus be'iina' éí nihí dahinii'nánígíí doo yił aheełt'ée da. T'áadoo bahat'aadí Jesus hoł yi'ashgo díí baa ákoznízin doo. Nihí bąąhági ádaniit'é, bí éí diyin. Diyin nilínígíí biniinaa Jesus éí nihí bąąhági ádaniit'éhígíí nihił ííshjání íít'į. T'áá ákót'éego bąąhági át'éii éí danichxǫ́'ígíí dóó doo yá'ádaat'éhígíí danilįįgo hoł béého zįįh. Christ bit'áá ákwii át'éhígíí baa ákoniidzįįhgo nihibąąhági át'éii jiiniidlá yileeh.

Bąąhági át'éii ts'ídá nichxǫ́'ígíí át'é. Díí doo t'óó ádii'níi da. Kót'éego baa ákoznízingo, shí doo shaa nídidoot'áał da jinízin shįį łeh. T'áá íídą́ą' bąąhági át'éii yę́ę haa nídeet'ą́ą nidi doo t'áá ałtsojį' shaa nídeet'ą́ą da sha'shin jinízin łeh. Shibąąhági át'éii yę́ę t'ah nidi hólǫ́, jinízin daats'í. Díí éí ts'ídá doo ákót'ée da!

"Ach'į' hózhǫ́ bídin nílįį lá – yá'ąąshdę́ę́' aa náhidit'aahígíí dóó ach'į' hózhǫ́ dóó ayóó'ó'ó'ní nijéí bii' hólǫǫgo bídin nílį. Díí doo béeso bee nahidoonihígíí át'ée da. Azhą́ hojíyą́ągo yéego nitsídzíkees nidi doo bik'izhdoogáał da. Binijilnishgo nidi doo bik'izhdoołkah át'ée da lá. Diyin God

and power. God offers His peace to you as a gift. 'It will cost you nothing!' (Isaiah 55:1). It is yours if you will reach out your hands and take it" (*Steps to Jesus*, pp. 46-47).

"You have confessed your sins and chosen to put them out of your life. You have decided to give yourself to God. Now go to Him and ask Him to wash away your sins. Ask Him to give you a new heart, a new mind. Then believe that He doe this, *because He has promised*. Jesus taught this lesson when He was on the earth. You must believe that you receive the gift God promises and that it is yours" (*Steps to Jesus*, p. 47).

To have peace in your heart you must believe that the sins you've asked Jesus to forgive are really forgiven. Jesus asks us to believe this, not because believing it will make us feel good, but because it's true. Notice, He doesn't ask us to believe this because we feel it is true. We might *not* feel it is true, but this doesn't change the fact. You asked God for forgiveness. Believe that He has answered your prayer – not because you feel it, but because He said so. It makes no difference how we feel. His Word is still true. If you have confessed your sins and in your heart truly put them away, then God has forgiven those sins completely.

t'áá jiík'e neílé – 'béeso t'áá gééd índa doo bą́ąh ílíní-góó ' (Isaiah 55:1). T'áá jiík'e nee hodooleeł, Diyin bich'į' dah diníyá dóó bíká díníchidgo índa" (*Steps to Jesus*, pp. 46-47).

"Hádą́ą́' shį́į́ nibąąhági át'éii Diyin bich'į' ádaa nahosínílne', dóó nijéíyi'di doo baa nichį' da sínílį́į́'. Diyin baa ánídíínít'ą́ bich'į' háínídzíí'. Áko k'ad bich'į' náánídá, ákóbidiníigo: Shibąąhági át'éii shii'dę́ę́' hanílé dóó ajéí áníidígíí shaa nílé. Áádóó índa bíni'dii há ákwíílééhígíí baa ákonínízin doo – Jesus ts'ídá há ádeeshłíił nidííniidígíí biniinaa. Kót'éego Jesus yee na'neeztą́ą́', nahasdzáán bikáa'gi nihitaagháhą́ądą́ą́' " (*Steps to Jesus*, p. 47).

Nibąąhági át'éii yę́ę Jesus beíníláago, t'áá ałtsojį' naa nídeet'ánígíí yidíídlą́ął, áko ach'į' hózhǫ nee hodooleeł, nidi ach'į' hózhónígíí éí doo éí át'ée da. Jó doo ákót'ée da jinízin nidi, t'ahdii t'áá aaníí łeh. Diyin God shaa nídiní'aah bidííníniid, áko t'áá bí Bizaadígíí niłdzilgo yinídlą́ą doo – doo t'óó baa nitsíníkeesígíí biniinaa da, Bizaad biyi'dóó yee áníníigíí biniinaago lą́ą. Ni éí, daats'í dóó sha'shingo shį́į́ baa nitsíníkees. Azhą́ ákót'ee nidi Diyin Bizaad ts'ídá t'áá aaníí át'é. Nibąąhági át'éii yę́ę Diyin bich'į' ádaa nahosínílne' ládą́ą́' dóó nijéítł'áahdi nahjį' kwíinilaago, áko t'áá ałtsojį' naa nídeet'ą́ą lá.

"Read the Bible stories about Jesus healing the sick. From them you can learn something of how to believe in Him for the forgiveness of sins. Turn to the story of the sick man at the pool of Bethesda. The poor man was helpless. He had not walked for 38 years. Yet Jesus said to him, 'Get up, pick up your bed, and go home!' The sick man did not say, 'Lord, if you make me well, I will obey Your word.' No, he believed Christ's word. He believed he was made well, and that very moment he tried to walk. He *chose* to walk. And he did walk. He acted on the word of Christ, and God gave the power. The man was healed" (*Steps to Jesus*, p. 48).

"You can do nothing to take away your past sins. You cannot change your heart or make yourself holy. But God promises to do all this for you through Christ. *Believe* that promise. Confess your sins and give yourself to God. *Choose* to serve Him. God will surely keep His promise to you if you

"Diyin Bizaad biyi'dóó Jesus éí kanidaakaiígíí hadaałt'é ánídayiidlaago yaa nahasne'. Díí hane'ígíí éí bąąhági át'éii haa náhidit'aah haz'ąągi bee bééhodoozįįł lá. Diné ła' na'niłhodí jílįįgo, Bethésda hoolyéegi dzizdáago, éí baa nitsíníkees. Dinéhęę háká análwo'ii ádingo dzizdá. Tádiin dóó ba'ąą tseebíí nááhai bíighahgo hajáád doo choyooł'įįd da nít'éé' lá. Azhą ákót'ée nidi Jesus nídiidááh hałní; bik'i nítéhí nídiiłtsóosgo dah diinááh hałní. Diné kanijigháhąą, ShiBóhólníihii, náshidinisáago índa nik'eh honish'įįgo dah dideeshááł éí doo níi da. Christ hach'į' hadzíi'go áhodííniidęę joosdląąd. Shich'į' há'oodzí'ígíí yinishdląągo bee bíneesh'ą jiní, áko nídii'na'go dah diiyá. Yídeesįįł dóó dah dideeshááł t'éiyá baa nitsídzíkeesgo, nízhdii'na' dóó dashdiiyá. Christ kónínééh hałníigo bízneeztąą', áko Diyin éí diné bízhneel'ą áhoolaa. Hadaałt'é ánáho'diilyaa" (*Steps to Jesus*, p. 48).

"T'áá ni t'áá sáhígo doo Diyin bił k'é ná'ahidíí'niił át'ee da. Nijéí doo t'áá ni łahgo át'éego ánídíídlíiłgo át'ée da; doo t'áá ni yá'át'ééh ánídidíílníił da. Nidi Christ beego díí t'áá ałtso Diyin ná ákwíidoolííł. Bizaadígíí *yinídlą*. Nibąąhági át'éii yęę Christ bich'į' ádaa hodíílnihgo t'áá sínízįį nít'éé' baa *ánídinít'aah* doo. T'áá k'ad nik'eh honish'įį doo, bidiní. Ákohgo Diyin God t'áá bí éí bíninil'ąągo nidziilgo

do this" (*Steps to Jesus*, p. 48). "Do not wait to *feel* that you are made whole. Say, 'I believe it. It *is* so, not because I feel it, but because God has promised'" (*Steps to Jesus*, p. 48).

God says, "As far as the east is from the west, so far has he removed our transgressions from us" (Psalm 103:12). This means *your* sins, not just other people's. Do you believe this? Which is more sure – your feelings, or God's Word? Jesus once said: "So if the Son sets you free, you will be free indeed" (John 8:36).

If you've asked Him to do this, then Christ has set you free. If you're free, be glad! Take God at His word.

ánidoolííł" (*Steps to Jesus,* p. 48). "T'áadoo t'óó hasht'e-shi'diilyaago índa dooleeł nínízininí. Diyin Bizaad yinishdlą́ diní – doo t'óó íinisinígíí biniinaa da, nidi Diyin God yee haadzí'ígíí biniinaago lą́ą" (*Steps to Jesus,* p. 48).

Diyin ání, "Bee haz'áanii dahiiti'ii ha'a'aahdóó e'e'aah ánízáágóó nihits'éidiní'ą́" (Psalm 103:12). *T'áá ni* nibąąhági át'éii éí ááhyiłní kwe'é, doo diné náánáła' t'éiyáa da. Da' díísh yinídlą́? Háidíshą' aláahgo ba'íínílíigo yinídlą́ą doo – baa nitsíníkeesígíí daats'í? Diyin God bizaad niłdzilgo yee hahasdzí'ígíí daats'í? Łahdą́ą' Jesus ání: "Éí bąą aYe' nihéé-deideezhchidgo, t'áá aaníí nihéédadeeshchid doo" (John 8:36).

Christ bííníkeed ládą́ą', t'áá íídą́ą' nééedoochidgo át'é. Nééedoochid ládą́ą', baa nił hózhǫ́ǫ doo! Bíni'dii Diyin God yee hahasdzí'ígíí yéego yinídlą́ą dooleeł!

Chapter 7
Obeying God

When a person really becomes converted to Christ it will show in the way he lives. "We cannot see the wind, but we can see what it does. We cannot see the Spirit of God as He works on the heart, but His power brings us new life. That power creates a new person in the image of God. Although we cannot see or hear the working of the Spirit, we can see what He has done" (*Steps to Jesus*, p. 54).

Jesus once said: "The wind blows wherever it pleases. You hear its sound, but you cannot tell where it comes from or where it is going. So it is with everyone born of the Spirit" (John 3:8). You can't see the Spirit but you can see what He does. When a person really belongs to Jesus, and is guided by His Spirit, people will know. A life with Jesus in it is different from a life without Him. These two ways of living are not the same.

Wólta'ii 7

Diyin God Bik'eh Hojíł'į́įgo

T'áá aaníí Jesus joosdlą́ądgo łahgo át'éego jiináa doo. "Níłch'i Diyinii t'áadoo hodéezyéelgo hajéí yinaalnish, nidi binaanishígíí éí t'áá yit'į́į yileeh. Níłch'i Diyinii éí diné ła' bijéí ániidígo ánáyiidlaago, yá'át'éehgo jiinánígíí bee béého̗zin doo. T'áá hó hajéí doo łahgo át'éego ánájódle' át'ée da, doo nidi Diyin bich'į' dashdóya' át'ée da. Áko doo ádeíjódlíi da; ádá ájoolníłígíí doo éí binahjį' Diyin God baa bił hózhǫ́ǫ da lá. Nidi Diyin bibee'ajooba'ígíí éí hajéí bii' hazlį́į'go jiinánígi át'éego bee béého̗zin doo" (*Steps to Jesus*, p. 54).

Jesus ání: "Níyol t'áá bí nízingóó níyol, t'óó dinits'a'go éí dinits'a', nidi deeyoldę́ę' dóó ííyolgóó éí doo nił béého̗zin da, áko Níłch'i Diyinii bee nidahachíihii ałdó' t'áá ákódaat'é" (John 3:8). Azhą́ Níłch'i Diyinii doo yit'į́į da nidi, t'áá béého̗zinígo naalnish. Diné ła' t'áá aaníí Jesus bíí' jílį́įgo, dóó Níłch'i Diyinii bikéé' joogáałgo, áko hak'éí bił béédahózin doo. Jesus bee jiináago, dóó Jesus t'áá gééd jiináago, doo aheełt'ée da lá. Naaki ał'ąą át'é.

"It is true that we may act in the right way without the power of God. We may do good so that other people will think well of us. We may even avoid evil because we want to look right in the sight of our friends. Even a selfish person may give to a good cause, or help the needy. How can we know, then, whose side we are on" (*Steps to Jesus*, p. 55)?

"Who owns our hearts? Whom are we thinking about? Whom do we love to talk about? Who has our warmest love and our best work? If we are Christ's, we think often about Him, and our kindest thoughts are of Him. We have laid at His feet all we have and are. We want to be like Him and have His Spirit in us. We desire to follow His way and to please Him in everything" (*Steps to Jesus*, p. 55).

At this point there are two mistakes to avoid. (1) The first is that something we do can make God accept us, that we can obey God without His help. Those who hold this

"Jesus bibee adziil hwii' ádingo, lą'ígóó daats'í yá'ádaat'éehii hanaanish dooleeł. Jó hak'éí, hoł nidaalnishiida, yá'át'éehgo shaa nitsídaakees dooleeł t'áá éí t'éí biniyé nizhónígo bináál nijigháa doo daats'í. Yá'ánísht'ééh jinízingo ádaa nitsídzíkeesgo shįį́ ájít'įį dooleeł. Doo lá dó' shí da jinízingo ádaa nitsídzíkeesgo éí t'áá ałahíįjį' hak'éí bíká aníjílwo'go shįį́, éí ayóó'ázhdó'níigo ákójít'įį dooleeł lá. Ákoósh hajéí ts'ídá haash yit'éego bee béého̧zin doo?" (*Steps to Jesus*, p. 55).

"Hajéí lá háí bí? Háí lá baa nitsídzíkees łeh? Háí baa yájíłti'go hoł yá'át'ééh? Háí lá aláahgo hoł nizhóní, dóó háí bízhneedlįįgo baa nijighá? Christ éí hwíí' nilįįgo bí baa nitsínízdíkos, dóó hajéí bii' hólónígíí éí Christ bízhdéet'i' doo. Hwee dahólóonii t'áá ałtso, t'áá hó nidi ałdó', Christ bee bóhólníih doo. Bí hinánígi át'éego hinishnáa doo jinízin, biNíłch'i Diyinii bee nízhdídzih nahalin dooleeł dóó há yinízingi át'éego nijigháa doo; t'áá ałtsojį' bił hózhǫǫgo bá ádeeshłíił jinízin doo" (*Steps to Jesus*, p. 55).

K'ad índa ni'iidzihígíí naaki hólǫ́, áko bits'ąą naninàa doo. (1) T'áálá'í góne' nilínígíí éí, t'áá yá'át'éehgo áashníłígíí binahjį' Diyin God shaa a'ááh nízin doo jiníigo, Áká Análwo'ii t'áá géêd nidi. Diné ła' t'áá ákót'éego jinízinígíí

view have a wrong idea of what God can accept, and also of what it means to obey. For something to be acceptable to God it has to be perfect – absolutely without fault. If we occasionally do something good, this fact does not change all the other things we do that are bad. So doing good things is not enough.

In any event, obedience does not just mean doing good things. It means serving God from your heart. The problem is that loving God does not come naturally to us; it is something the Holy Spirit must put in our hearts. Without this principle of love for God there can be no such thing as real obedience. (Read 1 Cor 13:1-3.) Obedience is the result of Jesus living in us by His Spirit.

Which do you think comes first? Do we start obeying so we can receive Christ? Not at all! We come to Christ as we are. Without Him no one can obey God. Jesus must come first. People are not saved by what they do.

(2) The second mistake to avoid is that we don't need to obey at all, with or without God's help. There are only two

Diyin éí baa bił hózhóonii doo bik'izh'diitįįh da; ak'eh hól'į ałdó' doo bik'ináázh'diitįįh da. Diyin éí ts'ídá ba'át'e' ádaadinii t'éiyá baa bił hózhǫǫ lá. T'óó t'áá łahídida yá'át'éehgo áníjiit'įįhígíí shįį́, t'áá áłahjį' nichǫ'ígo baa nijigháago doo haajígo łahgo át'éego ííléeh da. Jó hahgoda yá'át'éehgo ájoonílígíí doo t'áá éí biniinaa hool'áágóó iiná biih jidoogáał da.

Ak'eh hojíl'į éí doo t'óó díida, éida ho'di'níigo áníjiit'įįhígíí óolyée da; hajéítł'áahdi ayóó'ó'ó'ní bee Diyin God bá nijil'a'ígíí óolyé. Ayóó'ó'ó'ní doo t'óó hwii'dę́ę́' haleeh da; Níłch'i Diyinii hwee haleeh. Áko diné ła' azhą́ yá'át'éehgo ájooníił nidi, ayóó'ó'ó'ní t'áá géedgo, doo Diyin bik'eh hojíl'ínígíí át'é. (1 Cor 13:1-3 yíníłta'.) Jesus hwii' hólǫǫgo t'éiyá ak'eh hojíł'į bízhneel'ąą jileeh.

Háidíshą' alą́ąjį' dooleeł nínízin? Ak'eh hojíł'į daats'í áłtsé, áádóó índa Christ hwee haleehígíí daats'í? Díí éí ts'ídá dooda! Jesus áłtsé hwee hazlį́į'go t'éiyá ak'eh hojíł'į bízhneel'ąą jidooleeł. Jesus éí alą́ąjį'. Diné ła' t'áá hó habee adziil bee ájít'ínígíí ts'ídá doo bee yisdá'iildéeh da.

(2) Ni'iidzihígíí naaki góne' nilínígíí éí díí: Ak'eh hól'į doo ílį́į da jinii łeh – Jesus t'áá biłgo, Jesus t'áá géedgoda. Jó

choices. A person can live in obedience, or in sin. It's true that God loves sinners, but He hates sin. He will accept the one, but never the other. Jesus Himself lived a life of obedience. His will and His Father's will were the same. What the Father wanted, Jesus also wanted.

Was it hard for Jesus to do His Father's will? No, it wasn't. The Father's will was His will too. Was the Father's law hard for Jesus to keep? No. It was entirely natural for Jesus to keep it. (Read Matthew 5:17; Psalm 119:97.) Christ had to struggle constantly against Satan, but He never struggled against His Father.

There are certainly times when *we* struggle against the Father! The difference is that we are sinful, while He is holy. This difference has separated us and, if we cling to our sins, it will continue to separate us. Jesus came to this world to remove the separation, so there would be nothing between Him and His people keeping them apart. He came to restore harmony between earth and heaven.

bíla'ashdla'ii Diyin yik'eh dahół'į daats'í, éí doodago bąąhági át'éii bee ádidahólnííh daats'í. Díí naakigo haz'ánígíí t'éí hólǫ. Diyin éí diné bąąhági ádaadzaaígíí ayóó'ádayó'ní, nidi bąąhági át'éii t'áá bí éí yijoołá. Jesus ak'eh hól'ínígíí bił nilį dóó bił hóshǫ. Nihitaagháhąądąą' Jesus éí biTaa' t'áá áłahjį' yik'eh hół'įįgo naagháá nít'éé'. Bí íinízinii dóó biTaa' íinízinii t'áá aheełt'éego yee łá'í nilįį nít'éé'.

Da' Jesus éí biTaa' yik'eh hół'įįgoósh bił nantł'ah nít'éé' daats'í? Dooda. Bí íinízinii dóó biTaa' íinízinii t'áá aheełt'éé nít'éé'. BiTaa' bibee haz'áaniísh Jesus bá nantł'ah? Dooda lą́ą! T'áá bí bijéí bii' hólónígíí biniinaa aTaa' bibee haz'áanii ayóo bił yá'át'ééh. (Matthew 5:17; Psalm 119:97 yíníłta'.) Christ éí nihitaagháhąądąą' łahda hwe'ana'í hach'į' nahwiiłnáa łeh nít'éé'; nidi bí dóó biTaa' ts'ídá t'áá aheełt'éego t'áá ałtsoní yaa nitsékeesgo, doo ał'ąą át'ée da nít'éé'.

Áko nidi nihí dóó nihiTaa' lá t'áá ał'ąą át'éego baa nitsídeiikeesgo át'é ni! Jó nihí bąąhági ádaniit'é, bí éí bąąh át'e' ádin. Áko ha'át'íhída doo łahgo ánééhgóogo t'ahdii nidi bił ałts'ą́ąjí niidlįį doo nít'éé'. Jesus díí nahasdzáán yikáa'jį' níyá, łahgo át'éego ánihidoolííł yiniyé, áko nihí éí aTaa' bił ałts'ą́ąjí niidlínígíí nidoot'ih. Jesus éí nahasdzáán dóó yá'ąąshii yił k'é náánhodoołeeł yiniyé níyá.

So what sort of change did Jesus have in mind? Did He come here to change His Father's law so that sinners could continue breaking it and still be saved? Or did He come to change us? Why should He change Himself? We are the ones who are sinful. He wants us to come to know Him here and come to love His law – the way He does things – so we will enjoy being in heaven with Him later.

What Jesus had in mind was not to get rid of His Father's law, which condemns sin, but to help sinners stop breaking that law and live changed lives. (Read John 17:15.)

The Bible says: "The sinful mind is hostile to God. It does not submit to God's law, nor can it do so. Those controlled by the sinful nature cannot please God" (Romans 8:7-8). But God also says: "I will put my laws in their minds and write them on their hearts. I will be their God, and they shall be my people" (Hebrews 8:10).

Ákohgo Jesus éí ha'át'íísh łahgo íidoolííł yiniyé níyá? Da' biTaa'ísh bibee haz'áanii daats'í – bíla'ashdla'ii niidlíinii, t'ah nidi bąąhági át'éii baa deíníikáahgo yisdáhidiikah biniyé? Éí doodago, łahgo ánánihidoodlííł daats'í? Jó Diyin God doo łahgo ánéeh da; nihí t'éiyá. Kót'éego aTaa' t'áá Bí dóó bibee haz'áanii t'ah nidi ba'át'e' ádingo nihí éí yisdáhidiikah.

Jesus éí biTaa' bibee haz'áanii doo ádoodįįłígíí yíká áát'įįd da. Jó bee haz'áanii bąąhági át'éii yá nihoní'ąą lá. Yíká áát'įįdígíí éí nihí łahgo át'éego jiináago áádóó t'áadoo bąąhági ánáájít'įįgo át'é. Díidí ts'ídá aláahgo laanaa nihá yinízin. (John 17:15 yíníłta'.)

Diyin Bizaad ákóní: "Háálá ts'ísee k'ehgo nidzinii éí Diyin God ye'ana'í nilį; éí Diyin God yee has'áanii doo yíhółníih da, t'áá'aaníí doo óone' át'ée da. Áko ts'ísee k'ehgo dajiináanii Diyin God doo bił dahojíshǫǫ le' át'ée da" (Romans 8:7-8). Áko nidi ákónáádí'ní: "Éí yoołkáłígíí adayiiskąąddóó bik'iji' díí bee aha'deet'ą nilíinii Ízrel dine'é bee bił ahadadi'deesht'ááł, ní Bóhólníihii: Bee hoséł'áanii bintsíkees biih dadeeshłééł áádóó dabijéí biyi'di bee bik'eda'deeshchííł. BiDiyin God nishłįį doo, áádóó bí shidine'é danilįį doo" (Hebrews 8:10).

God has not changed His law—so that we could avoid being condemned for breaking it. Instead, by His Holy Spirit, He changes us. When we accept God's free gift of eternal life we will obey Him just like Jesus Himself always did. This is the way He wants all His followers to live.

Diyin God bibee haz'áanii doo łahgo ádzaa da, nihí doo bił ał'ąą ádaniit'ée da doo biniyé; bee ádaniit'éhígi át'éii nihá łahgo ííléeh lá. Iiná doo ninít'i'ii t'áá jíík'e hwee hazlį́į'go índa Diyin God bik'eh hojíł'į́į doooleeł – Jesus áát'įįdgi át'éego. Shikéé' nidaakaiígíí t'áá ákót'éego dahináa doo nihá yinízin.

Sego Lily. State flower of Utah.

Chapter 8
Helping Others

Jesus on this earth thought about other people. He helped them in any way He could and told them of His Father's love. "This was the one great aim of His life. Everything else was less important. To do God's will and to finish His work was like food and drink to Him. There was no thought of self in His work" (*Steps to Jesus*, p. 77).

The more we become like Jesus, the more we will think about things the way He does. "Love for Jesus will lead us to work as He worked for the blessing and uplifting of all people" (*Steps to Jesus*, p. 77). Anyone who becomes a converted Christian will have this same attitude.

"As soon as we come to Christ we want to tell everyone what a dear friend we have found in Jesus. The truth that saves us and changes our lives cannot be shut up in our hearts. If we have received Christ's robe of righteousness, we cannot stop telling others about it. When

Wólta'ii 8

Áká Aníjílwo'go

Jesus éí diné yitaaghááhą́ądą́ą' bíla'ashdla'ii ał'ąą dadine'é ádaat'éii yíneedlį́. T'áá ha'át'éegida bíká aníjílwo' nít'éé' áádóó haTaa' bibee ayóó'ó'ó'ni' bee bił hahodzisne'. "Díí t'éí bíká ájíít'įįd. Ha'át'íhída náánáá éí akéé' góne' baa nitsizkééz. HaTaa' íinízinii baa nijigháago bee jiiná; nihí bááh dóó tó bee dahinii'nánígi át'éego bee jiináá nít'éé'. HaTaa' binaanish ałtso ádeeshłííł t'éí jinízin. T'áadoo t'áá hó t'éiyá ádaa nitsídzíkeesí tázhdííyá" (*Steps to Jesus*, p. 77).

Jesus bikéé' nikizhdiighaahgo, hó ałdó' binitsékeesígi át'éego nitsídzíkees doo. "Jesus bibee ayóó'ó'ó'ni' hwii' hólǫ́ǫgo índa, diné ła'ígíí yaa bił dahózhǫ́ǫgo dóó bá yá'ádaat'éehgo náádadoodleeł biniyé dahinii'náa doo" (*Steps to Jesus*, p. 77). T'áá ákót'éego baa tsízdidookos, t'áá aaníí ajoosdlą́ądóó bik'ijį'.

"Jesus bíí' dzizlį́į'go t'áá áko hái shį́į Jesus bee bił hojilne' dooleeł lá; dooládó' bí éí ak'is nilį́į da baa tsízdookos. Díigi át'éego jinízingo, hane' yá'át'éehii hajéí t'óó bii' hólǫ́ǫgo, t'áadoo baa yájíłti'ígo doo há bohónéedzą́ą da doo. Christ bit'áá ákwii át'éii bee nijigháago, dóó Níłch'i Diyinii bibee ił

we are filled with the joy of His Spirit, we must share it. We have something wonderful to tell because we have learned that the Lord is good" (*Steps to Jesus*, pp. 77-78).

So how can we help others and be a witness for Jesus? "We must not wait for some important time to work for God. Nor should we wait until we are able to do a greater work" (*Steps to Jesus*, p. 82).

"[Jesus] worked and walked with His neighbors who did not know that He was the Son of God. Jesus was as faithfully doing His Father's work while laboring in the shop as when He was healing the sick. Working as a carpenter was as much His duty as was quieting the stormy waves of Galilee. We too may be working with Jesus as we do our humble duties. We may walk with Him wherever we are" (*Steps to Jesus*, p. 81). "Our daily life must show that our faith is pure and sincere. If people see that we want to help them, our work will do some good" (*Steps to Jesus*, pp. 82-83).

hózhǫ́ hwii' hólǫ́ǫgo, díí baa háádzídzih doo. T'áá hó, Bóhólníihii éí yá'át'éehii nilínígíí baa ákozniizį́į'go, diné náánáła' bee bił hojilne'go bízhneel'ą́ą doo" (*Steps to Jesus*, pp. 77-78).

Shígo éiyá ts'ídá hait'éego áká anáshwo' dóó Jesus baa yáshti' doo, nínízin daats'í. "T'áadoo áłtsé nínízini; t'áá bííníghahígo Jesus baa nahólne' " (*Steps to Jesus*, p. 82).

"Ániid naagháhą́ądą́ą' Jesus éí diné baa dahojooba'ígíí dóó bíla' yee nidaalnishígíí yitaagháago, doo baa ákodaniizį́į' da. Bí éí bíla' yee naalnishgo biyaa hoo'a'. Ákót'įįgo biTaa' yá naal'a'. Áádóó índa biyaa hazlį́į'go bąąh dah dahaz'áanii hadaałt'é ánídayiidlaa dóó Galilee hoolyéedi tooh bííshgháán yikáá' naayá, áko t'ahdii biTaa' yá naas'a'. Nihí ałdó', azhą́ hojooba'ígo neiidáah nidi áádóó doo ílį́įgóó ádaa nitsídeiikees da shį́į nidi, Jesus nihił naakai dóó nihitah naalnish, áko bá nideiil'a' " (*Steps to Jesus*, p. 81). "T'áá ákwíí jį́ jiinánígi át'éego hwe'oodlą' bee béého zin lá. Éí t'áá aaníí oosdlą́ąd dahó'níigo dóó ayóo áká análwo' dahó'níi dooleeł lá, áko ákót'éego Diyin éí bá nijil'a'go doo ch'ééh ájít'į́į da doo" (*Steps to Jesus*, pp. 82-83).

Christ was not selfish. He lived to bless others long ago and when He lives in your heart by faith He is still the same. He doesn't change. Through your life and influence He still wants to bless others. Actually, helping other people is a blessing to you as well as to them. "God wants us, for our own good, to have a part to act in His plan of redemption. He gives us hearts that are changed by His Spirit so that we can be His helpers and pass on to others the blessings we receive. Working with Him is the highest honor and the greatest joy God can give us. Those who do this work of love are brought nearest to the Creator" (*Steps to Jesus*, p. 78).

The only way we can grow in grace is by doing the work Christ has asked us to do. This work is not something we do for ourselves. It does not save us. Jesus saves us. Instead our work is for others, so they can be saved. "Christ has given His church the job of carrying to the world the story of Jesus and His love. To tell this story is the duty of all

Christ éí doo t'áá bí t'éiyá ádaa nitsékeesgo hináa da nít'éé'. Diné hái shįį́ hajooba' íinízinígíí bíká anáshwo' doo, nízingo hináá nít'éé' lá. Áádóó díísh jįįgóó Christ hwii' hólǫǫgo t'ah nidi díigi át'éego jiinàa doo. Jesus doo łahgo ánéeh da lá. Áko hayi'di hólǫǫgo t'ahdii náánáła' diné bik'inááјídlíi doo. Jó díigi át'éego baa nitsídzíkeesgo ałdó' t'áá hó nidi hak'ihojídlíi doo. "Diyin God éí naanish nihaidiní'ą. Diné ayóó'ájó'níigo bíká azhdoolwołígíí biniyé nihííł'aad. Díí naanishígíí binijilnishgo hái shįį́ bíká anáshwo' doo, jiní. Diyin God éí naanish haidí'ááh dóó bá nijilnishgo ts'ídá binóoshónígo ílínígíí át'é. Diyin bá nijilnishgo be'ayóó'ó'ó'ni' dóó bił hojooba'ii hoł bééhoozįįh; Diyin binaanish kót'éego binijilnishgo ts'ídá t'áadoo bináánáłt'éhí da lá" (*Steps to Jesus*, p. 78).

Diyin k'ehgo jinooséełgi éí díí kót'é – t'áadoo ádaa nitsídzíkeesgo Christ binaanish haidí'ánígíí éí binijilnishgo t'éiyá. Díí naanishígíí doo t'áá hó bee yisdázhdoogáał da. Jesus bee yisdázhdoogááł. Diné náánáłahjí bíká ajilyeedgo, áko daabí éí yisdáhidookah. "Diyin éí oodlání danilíinii diné łą'í yisdáhidoolkah biniyé chodao'įį doo, yá laanaa nízin. Bidine'é binaanish éí t'áá ałtsogóó hane' yá'át'éehii yaa dahalne'go át'é. Díí naanishígíí da'oodlání ts'ídá t'áá ałtso bídéet'i'. T'áála'í nitínígo, há bohónéedząąjį' dóó

Christians. All of us are to do this work as well as we can [to the extent of our talent and opportunity]. Because God's love has been shown to us, we have a debt to pass it on to those who do not know Him. God has given us light, not for ourselves alone but to give to others" (*Steps to Jesus*, p. 80).

Jesus says, "Freely you have received, freely give" (Matthew 10:8).

bízhneel'ą́ąjį', Christ binaanish ha'nínę́ę binijilnish doo. Diné t'áá ałtso Christ doo yéédahósinii bee bił dahozhdoolnih, bibee ayóó'ó'ó'ni' hazlį́į'go hwee hoł bééhoozinígíí binahjį'. T'áá aaníinii hak'ijį' adiníłdínígíí doo t'áá hó t'éí há dooleeł da; bíla'ashdla'ii t'áá ałtso bá át'éé lá" (*Steps to Jesus*, p. 80).

Jesus ání, "Nihaa dadeest'ánígíí t'áá jíík'e nihaa dadeest'ą́, áko t'áá jíík'e bee ádaahnííł" (Matthew 10:8).

Chapter 9

Studying God's Word

God speaks to us in a number of ways. One of these ways is through nature, which surrounds us. (Read Rom 1:20.) Another way is through the events of our lives, the things that happen to us every day. He also speaks to us through the Holy Spirit's influence on our hearts.

But above all, God speaks to us through His written Word—the Bible. Study the Bible. Know for yourself what it says. "We must not accept the word of any person as to what the Bible teaches. We must study the Word of God for ourselves. If we allow others to think for us, our minds will become weak, and we will not be able to do hard study" (*Steps to Jesus*, p. 89).

The Bible is a book you can study for yourself, even if you don't have a lot of school education. "The Bible was written for everybody, not just for well-educated people. The great truths that tell us how to be saved are as clear as

Wólta'ii 9

Diyin Bizaad Bóhojiił'aahgo

Diyin God éí łahgóó yee nihich'į' yáłti'. Nahasdzáán yii' ádayiilaaígíí t'áá ałtsogóó dahólóonii Diyin binitsékees yee íishjání ádayoolííł. (Rom 1:20 yíníłta'.) Áádóó t'áá ákwíí jį nihá áhóót'įįdígíí binahjį' Diyin nihich'į' hanádzih. Ałdó' Níłch'i Diyinii t'áá bí nihíni' biyi'jį' nihich'į' hanáánádzih.

Áko nidi Diyin God bee hach'į' hanádzihígíí aláahdi át'éii éí Bizaad bee ak'e'ashchínígíí át'é. T'áá ni Saad Diyinii bee ak'e'ashchínęę hazhó'ó bíhwiidííł'ááł dóó bóhół'aahígíí nabínítah doo; t'áá ni Bizaad biyi'dóó naninitinígíí nił bééhodoozįįł. "Diné ła' shą́ą́' Diyin God Bizaad kóníigi át'é, níigo nił halne'go, doo bił bééhózingóó daats'í ánii łeh. Áko Diyin yee haadzí'ígíí t'áá ni naniłkaah doo. Hái shį́į t'áá ałahjį' diné náánáła' há nitsékeesgo áko háni' doo bidziil da jileeh, dóó nitsídahakees bidziilii doo bízhneel'ą́ą da jileeh lá" (*Steps to Jesus*, p. 89).

T'áá ni Diyin Bizaad bíhwiidííł'áałgo át'é, azhą́ doo yéego ííníłta' da shį́į nidi. "Diyin Bizaad éí diné wódahgo da'ííłta'ii doo éí t'éí bá ályaa da. Diné t'áá ałtso bá ályaa. Diyin Bizaad éí t'áá aaníinii ayóó át'éii bee yisdá'iildéhígíí

noonday. No one will lose the way except those who follow their own judgment instead of the way God has plainly shown" (*Steps to Jesus*, p. 89).

It's true that we can learn from the Bible *for* ourselves, but that doesn't mean we can learn from it *by* ourselves. We need the help of God's Holy Spirit, "the Spirit of truth" (John 14:17), to understand God's Word correctly. It is possible to misunderstand what the Bible says. That is why we need the Spirit's help. Never study the Bible without first asking God to help you understand what you read. When you ask for His help in Jesus' name the Holy Spirit will make things clear to you.

Studying the Bible for yourself, with the Holy Spirit's help, will make your mind grow strong. "Not much good can come from a careless reading of the Bible. We may read the whole Bible through and not see its beauty or understand its deep meaning. It is better for us to study one verse of Scripture until we understand what it means and what it tells us about the plan of salvation. This kind of study will

hach'į' íishjání áyoolíił. Jóhonaa'éí ałní'ní'ą́ągo adinídíingo hool'inígi át'éego hach'į' íishjání íidoolíił. Áko doo ła' yóó-'azhdoogáłí da, t'áá hazhó'ó diné ła' Diyin Bizaad biláahgo shił ééhózin nínígíí t'éiyá" (*Steps to Jesus*, p. 89).

T'áá hó Diyin God Bizaad joołta'go bíhwiizhdooł-'áałgo yá'át'ééh, nidi t'áá sáhígo – Níłch'i Diyinii t'áá géedgo t'óó jółta'go – éí doo bíighah da. Níłch'i Diyinii, "t'áá aaníinii íishją́ą́ áyoolíiłii" (John 14:17), háká análwo'go t'éiyá Diyin Bizaad nizhónígo bik'izhdi'dootį́įł. Doo ákót'éégóó baa nitsídzíkeesgo haz'ą́ą́ lá. Éí biniinaago Níłch'i Diyinii háká análwo'go t'éiyá ts'ídá yá'át'éehgo bik'izhdi'dootį́įł. Áko t'ah doo Diyin Bizaad ąą ánílééhgóó, Níłch'i Diyinii shíká adíílwoł dóó Nizaad shich'į' íishjání ádíílíił, bidiní. Jesus bízhi'ígíí binahjį' yíníkeedgo nitsaago níká adoolwoł.

T'áá hó Diyin Bizaad níjółtahgo, Níłch'i Diyinii beego, áko háni' éí bidziil yileeh. "Nidi t'óó tsxį́įłgo ajółta'go t'áadoo bik'izh'diitįįhí da. Diyin Bizaad t'áá si'ą́ą́ nít'éé' yizhdooł-tahgo shį́į́ há bohónéedzą́, nidi na'nitin yá'át'éehii doo t'áá át'é bik'izhdi'dootį́įł da. T'áá díkwíí saad dah naazhaa'go t'éí jółta' dóó yéego baa nitsídzíkees dooleeł. Diyin Bizaad biyi'dóó ła' bóhojiił'ą́ą'go bik'izh'diitánígíí nabízhnítaah dóó bee jiináa doo. T'áá ákót'éego Diyin Bizaad bínáhojiił'aahgo

help us more than reading many pages without any real purpose" (*Steps to Jesus*, p. 90).

"We cannot understand the Bible unless we study it carefully and pray for wisdom. Some parts of the Bible are so plain that anyone can understand them. But other parts need deep study, with some verses being compared with others" (*Steps to Jesus*, p. 90). After studying this way, think prayerfully about what you've read. Anyone who does this will learn valuable things from the Bible.

We need both of the things we have just mentioned. The first thing is careful research. (This means not just reading quickly, but stopping to compare one passage with another.) The second thing we need is prayerful reflection. (This means fixing texts in our minds and thinking about what they mean during the day, with the Holy Spirit's help.)

Study is like eating. If you study but don't remember what you learned, that won't help you. What good would it do to chew up food without swallowing it? You can never get strength from your food if you don't swallow and digest

dóó bee jiináago t'éí ílį́į́ lá – t'áá ádzaagóó, tsxį́įłgo shį́į́ ajółta'go, t'áadoo biniyéhí da" (*Steps to Jesus*, p. 90).

"Ayóo jółta'go dóó nijiłkaah biniyé sozdilzingo t'éiyá Diyin Bizaad bik'izhdi'dootį́įł. Bee ak'e'ashchínígíí bitahdóó ła' ts'ídá t'áá bééhózinígo bik'izh'diitįįh łeh. Nidi ła'da yee ak'e'ashchínígíí doo bééhózingóó nidantł'ah lá. Díidí doo hah bik'izhdi'dootį́įł da. Saad dah naazhjaa'ígíí ałch'į' naninil. Hazhó'ó yíníłta'go dóó baa nitsíníkeesgo bíhwiidííł-'ááł." (*Steps to Jesus*, p. 90). Áádóó bik'ijį' sodizin k'ehgo baa nitsíníkees doo. T'áá ákót'éego Diyin Bizaad naniłkaahgo ts'ídá ílíinii bik'idíínááł át'é.

Díí naakigo haz'ánígíí ha'nínęę bídin jílį. Jó áłtsé, Diyin Bizaad biyi'dóó ła' hazhó'ó bihwiizhdooł'ááł. (Doo t'áadoo biniyéhígóó yizhdoołtah da, nidi saad dah naazhjaa'ígíí ałch'į' nijiinilgo, yéego nijiłkaahgo, yá'át'éehgo bits'ą́ądę́ę' íhwiizhdooł'ááł.) Naaki góne' éiyá, jííłta'ígíí bik'izhdi'dootį́įł biniyé sozdilzin dooleeł. (Áko Níłch'i Diyinii háká análwo'go, jííłta' yę́ę doo baazhdiyoonah da.)

Ha'át'íí shį́į t'óó tsxį́įłgo jííłta'ígíí shį́į́, t'áadoo hazhó'ó bik'izh'diitą́ą'góó, t'óó baazhdiyoonah łeh. Díí ákójít'įįgo éí azh'niiyą́ą'go jíí'aal, nidi doo jííłna'ígíí, yił aheełt'ée lá. Jó

it; no strength comes from just chewing. It's the same way with the Bible. You should read it carefully, but don't just read. Also think about it through the day and let the Holy Spirit apply it to your life.

If you study God's Word this way you will get help and strength from it. First ask the Holy Spirit to teach you. Next study carefully (don't just read through quickly). And then, think prayerfully about what you have read.

"Nothing will strengthen the mind more than study of the Scriptures. No other book can lift the thoughts as does the Bible. If God's Word were studied as it should be, people would have broader minds and more noble characters. Bible study helps a person to have a purpose in life" (*Steps to Jesus*, p. 89). This kind of firmness and wisdom is something we don't see nearly often enough.

David said: "I have hidden your word in my heart that I might not sin against you" (Psalm 119:11). Spend time

ákót'éego doo hadziil jileeh da! Diyin Bizaad dóó ch'iyáán t'áá aheełt'éego cho'į́ nahalin. Hazhó'ó jidoołtah, nidi doo t'óó jidoołtah da. Ałdó' sodizinee baa nitsízdookos áádóó bik'ehgo hwe'iina' iit'ih doo.

Díigi át'éego Diyin Bizaad bóhojiił'aahgo bits'ą́ądóó ił ééhózin dóó diyin k'ehgo adziil nízhdidooléél lá. Áłtsé Níłch'i Diyinii yéego na'nitinígíí baa níjookąąhgo yíníłta'. Áádóó bik'įį' łahda yíníłta'ąą sodizin k'ehgo baa tsínídíkos dooleeł.

"Diyin Bizaad éí hazhó'ó bóhojiił'aahgo éí bee háni' bidziil yileeh. Naaltsoos wólta'ígíí t'óó ahayóí, nidi t'áadoo ła' Diyin Bizaad yił aheełt'éhí da. Díí Saadígíí t'éí aláahgo hanitsékees dego kóyiił'į́ dóó hojíyą́ągo áhósin łeh, háálá t'áá si'ą́ą nít'éé' t'áá aaníí át'é. T'áá aaníinii biyi'di dahólóonii éí daditą́ dóó danitsaa nahalin. Diné ła' Diyin Bizaad ts'ídá hazhó'ógo nijiłkaah ládą́ą' áko háni' bidziil dooleeł, dóó hanitsékees niłtólí dooleeł, dóó doo hoł naaki nilíní da doo" (*Steps to Jesus*, p. 89). Diné kót'éego bił ééhózinii doo lą'í da.

David, aláahgo naat'áanii yę́ę, ání: "Doo nich'į' ádił ni'iisíih da doo biniyé nizaad shijéí bii' nídéł'į́į' " (Psalm

with Jesus and think about the way He lived. Doing this will not leave you unchanged. If you want to be like Jesus, keep Him in your thoughts. If you want to keep Jesus in your thoughts, read about Him in His Word.

119:11). Jesus hoł yi'ashgo dóó baa nitsídzíkeesgo t'éiyá t'áá bígi ájít'é jidooleeł. Jesusgi ánísht'ée dooleeł jinízingo, bí baa nitsídzíkees dóó bí béějílniih doo. Áko Jesus baa nitsíníkees dooleeł nínízingo, Bizaad éí hazhó'ó yíníłta'.

Chapter 10
Prayer

God speaks to us through His written Word. We speak to Him through prayer.

Jesus is the only link between earth and heaven. So we pray to the Father in Jesus' name. Not *to* Jesus, but *through* Jesus – to the Father. It is because we have accepted Jesus that the Father hears us.

When we pray, exactly what does that mean? What is prayer? "Prayer is the opening of the heart to God as to a friend" (*Steps to Jesus*, p. 92). And God *is* your Friend. If you need something, you can ask Him for it. If you are having trouble, you can tell Him about it. God is interested in you and in everything that happens to you. "He who did not spare his own Son, but gave him up for us all – how will he not also, along with him, graciously give us all things" (Romans 8:32)? If God gave us His Son, won't He give us the other blessings we need as well? (Read John 15:16.)

Wólta'ii 10

Sohodizin

Diyin éí Bizaad bee ak'e'ashchínígíí yee nihił halne' łeh. Nihí sodiilzingo Diyin God bich'į' yádeiilti'.

Jesus beego nahasdzáán dóó yá'ąąshii bee bóhólníihii bił haz'áanii bił ahił k'é náhásdlį́į́'. Áko Jesus bízhi' bee aTaa' bich'į' sozdoolzįįł. Jesus t'áá bí bich'į'go éí dooda; Jesus beego – aTaa' bich'į'. Jesus joodlą́ągo biniinaa aTaa' hwíísts'ą́ą́' lá.

Diné ła' sozdilzingo, haa lá yiit'įįh? Áádóó sodizin wolyéii, ha'át'íí át'é? "Sodizinígíí éí hajéí Diyin God bich'į' ąą ájíł'įįgo át'é, ak'is nilíinii bich'į'gi át'éego" (*Steps to Jesus*, p. 92). T'áá aaníí Diyin éí hak'is nilį́į́ lá. T'áá ha'át'íhída bídin jílįįgoda Diyin bíjókeedgo há bíighah. Ti'hojooníihgo shį́į́, bíni'dii Diyin bee bił hojilne' doo. Diyin éí ni dóó t'áá ałtso áníléhígíí yíneedlį́. "Diyin God t'áá bí biYe' doo ánéísįįdgóó t'áá áníiltso nihá ninéidiní'ą́, da' doósh éí t'áá bił t'áá ałtsoní t'áá jíík'e nihaa yiiníił da doo" (Romans 8:32)? Azhą́ biYe' nidi niheiníłtínígíí biniinaa, doósh Diyin éí t'áá ałtsoní bídeíníikeedígíí nihaididoo'áał da? (John 15:16 yíníłta'.)

There are many blessings God wants to give us, but He waits to give them until we ask. We can have these blessings if we do ask, but not if we don't. The Bible says: "Ask and it will be given to you; seek and you will find; knock and the door will he opened to you" (Matthew 7:7).

When you ask for something, don't give up. Tell God just what you feel you need and ask Him to give it to you. But remember that He knows more than you do. "We cannot see the future, and sometimes we ask for things that would not be a blessing. Our heavenly Father in love answers our prayers by giving us what is best for us. He gives us what we would ask for if we could see all things as they really are" (*Steps to Jesus*, p. 96).

"We are to hold to God's promises even when it seems that our prayers are not answered. At the right time we will receive the blessing we need most. But we cannot demand

Jó t'óó ahayóígo bee ak'ijidlíii danilínígíí Diyin nihaididoo'ááł nít'éé', nidi shíjókeed dooleeł yinízin. Ak'idahojidlí yá'ádaat'éehii yęę éí bídayíníikeedgo índa nihí dooleeł, nidi t'áadoo bídayíníikeedgóogo áko doo nihee hodooleeł da lá. Diyin Bizaad ákóní: "Da'íínóhkeed, áko deínóhkeedígíí nihaa dadoolyééł; hádaaht'į́, áko hádaaht'ínígíí bik'ídadoohkah; dáádílkał nídanołts'in, áko nihá ąą ádadoolnííł" (Matthew 7:7).

Ha'át'íhída bííníkeedgo shįį́, t'áadoo t'ą́ą́' kónít'éhí. Díida, éida bídin nishłį́ nínízingo aTaa' bee bił hólne', dóó shaa díílééł bidiní. Áko nidi Diyin éí nilááh át'éego bił ééhózinígíí béénílniih. "Nihí éí lą'ídi nida'ayiilzííh, dóó doo íiyisí nihił éédahózin da biniinaa, łahda shįį́ t'áadoo le'é doo nihá yá'át'éhígíí bídayíníikeed łeh. ATaa' éí ayóó'ánihó'níigo biniinaa nihá yá'ádaat'éhígíí t'éí nihaa yiilé. Áko Diyin nihaa yiiléii, t'áá íídą́ą́' daniidzin doo nít'éé', t'áá bí nahalingo dahoniidzą́ągo t'áá ałtsojį' nihił éédahózin ládą́ą́' " (*Steps to Jesus*, p. 96).

"Diyin éí bich'į' sozdilzingo, doo shíists'ą́ą' da jinízin shįį́ daats'í. Áko bíni'dii Bizaad yee ánínígíí t'ah nidi jótą' doo. Nihíists'ą́ą' lá, áko baa hoolzhiizhgo índa aláahgo bídin daniidlínígíí nihaa doolyééł. Nidi t'áá ałahjį' t'áá hó jinínígi

that a prayer will be answered in just the way we desire. God does not make mistakes. He is so good that He will not keep from us anything that would help us. Do not be afraid to trust Him, even though you may not see an answer at once" (*Steps to Jesus*, p. 96).

Satan will try to keep you from praying, but pray anyway. Jesus is our Example and He spent much time in prayer – sometimes the whole night. By praying He received strength from His Father, and so can we.

It is good to pray in groups, such as the family or the church. But we should also pray alone. There are some things that need to stay just between you and God. Pray every morning and every night. At other times, like when you're working, you can also keep your heart lifted to God in

át'éego Diyin há íidoolíił, éí doodago ts'ídá bíjókeedígíí hweidooléél jinízingo, éí doo bíighah da. Diyin God doo ákót'éego yee nihich'į' haadzíí' da. Ts'ídá t'áá ałtsojį' hóyą́ą́ lá, áko doo iisiih da; ałdó' ayóo ajooba'ígíí biniinaa yá'ádaat'éehii oodlání danilínígíí doo yits'ąą kóyósin da. Áko Diyin éí niłdzilgo ba'íínílí, azhą́ bííníkeedígíí t'ah doo yiniłtséeh da nidi" (*Steps to Jesus*, p. 96).

Séítan éí Diyin bich'į' sohodizinígíí yijoołá dóó bá bohónéedzą́ągo t'ą́ą' nótą' doo, doo sodílzin da doo biniyé. Áko bíni'dii t'ah nidi Diyin God bich'į' sodílzin! Jesus éí Bik'ehgo Áda'diilníiłii nilįįgo nízaadgóó sodoolzin – łahda díkwíí tł'éé' bíighah nidi sodoolzin lá. Azhą́ Jesus nidi biTaa' yich'į' sodilzingo bee bidziil nádleeh nít'éé'. Nihí ałdó' t'áá ákódadii'nííł.

Ahił sodazdilzingo éí yá'át'ééh – t'áálá'í hooghandóó áłah dzizlįį'go, éí doodago sodizin bá hooghandi oodlání t'áá ałtso áłah daazlįį'goda. Nidi t'áá sáhí ałdó' sozdidoolzįįł. Jó ha'át'íhída diné náánáła'jígo doo bídéet'i' da łeh, ni dóó niDiyin God t'éiyá. Áko t'áá sáhí sozdilzin dooleeł – abínígo dóó e'e'aahgo, t'áá ákwíí jį. Áádóó shá bíighah sodizin k'ehgo Diyin God baa nitsídzíkees doo. Nitsizdéesgo'go sozdilzingo yá'át'ééh, nidi nijilnishgo hajéí biyi'di Diyin bił ałch'į'

prayer. "Silent prayers rise to God like smoke from sweet incense. Satan cannot overcome a person who keeps hold of God in prayer" (*Steps to Jesus*, p. 98).

We have talked about prayer as a way of getting the things we need – help, blessings, spiritual strength. But in our prayers we should also give thanks. A large part of our prayer time should be spent thanking God for things He has already given us. This is just as important as asking for what we need. Remember too that many of the things we take for granted are really blessings from God. We don't usually ask for these things (life, sunshine, air, friends, and so on), but God would be happy if we offered thanks for them.

Notice that our last three chapters have talked about things that should be a regular part of every Christian's life. These are: (1) helping others in whatever way we can (which includes telling them about Jesus); (2) studying God's Word (as well as thinking prayerfully about it afterwards); and (3) prayer (both asking for things and giving thanks). These are

yájíłti'go ałdó' t'áá áko. "Sohodizin t'áadoo íits'a'í ákódaat'éii éí łikango halchinígi át'éego Diyin bich'į' hahaldóóh lá. Diné ła' ákót'éego sozdilzingo Diyin God bił łá'í dzizlįį'go índa doo bik'eh hodódle' át'ée da; Séítan éí diné ákót'éii ts'ídá doo bee bóhólníih da doo" (*Steps to Jesus*, p. 98).

Yá'át'éehii ał'ąą ádaat'éii sodizinígíí bee shoizhdoołt'eeł ha'ní – bíká'ayeed, ił hózhǫ́, áádóó diyin k'ehgo adziil hajéíyi'di hólóonii. Áko nidi ałdó' baa ahééh jinízin doo. T'áá íídą́ą́' Diyin nihainíláhígíí t'óó ahayóí. Áko doo t'óó Diyin bízhdókeed da; ałdó' hainíláhígíí baa ahééshnízin doo. Hanaagóó dahólóonii t'áá ałtso Diyin bee bééjílniih dooleeł, azhą́ doo shįį́ t'óó ahayóídi baa nitsínízdíkos da nidi. (Ááhdishnínígíí éí iiná, adinídíín, níłch'i, k'é hwiindzin, dóó náánáła' ákódaat'éhígíí.) Diné ła' kót'éego baa ahééshnízingo Diyin God bił yá'át'ééh lá.

Táa'go wólta'ii ałkéé' yíníłta'ąą éí oodlání ts'ídá bik'ehgo nijigháa dooleeł. Díí ááhdeiłní: (1) T'áá bízhneel'ą́ąjį' diné náánáłahjį' bíká aníjílwo'. (Díí éí t'áá háiida Jesus bee bił hojilne'ígíí bóóltą'go óolyé.) (2) Diyin Bizaad jółta'go bínáhojiił'ááh. (Ałdó' jííłta'ígíí biyi'dóó sodizin k'ehgo hazhó'ó baa nitsídzíkees.) (3) Sozdilzin. (Ha'át'íhída Diyin bíjókeed dóó baa ahééshnízin.) Díí táa'go ałkéé' haz'ánígíí

not good works that earn salvation; instead they are ways in which Jesus comes close to us. If you are helping, studying, and praying regularly, then you will also be growing as a Christian. Jesus will recreate you as a new person in His likeness and your life will be a blessing – both to you and to those around you.

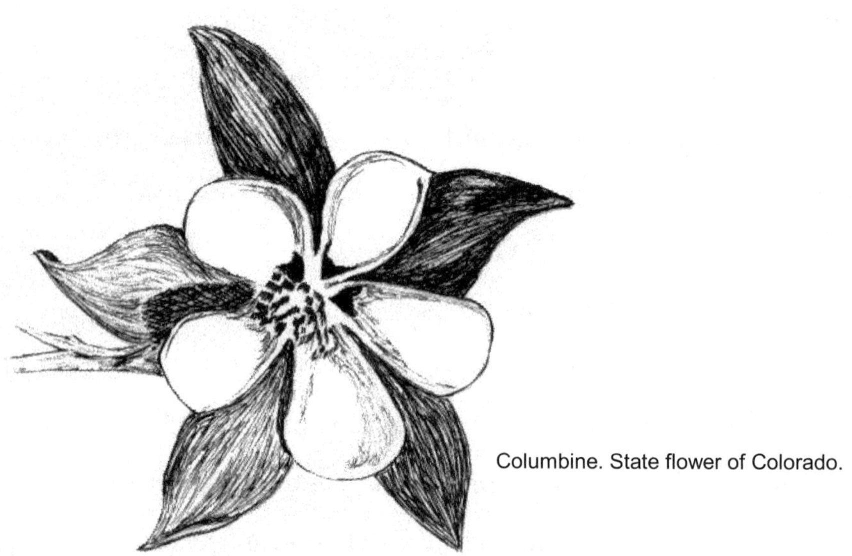

Columbine. State flower of Colorado.

doo naanish bił aheełt'ée da; doo éí binahjį' yisdá'iildéeh da. T'óó Jesus hoł yi'ashgo nizhónígo bee hwééhodoosįįłígíí ádaat'é. Ni éí áká anánílwo'go, dóó Diyin Bizaad bínáhooł'aahgo, dóó sonídílzįįhgo shįį, áko ałdó' diyin k'ehgo nííséeł doo. Jesus nii' hólǫǫgo baa nił hózhǫǫ doo – bił kéédahót'ínígíí ałdó' baa bił dahózhǫǫ dooleeł!

Chapter 11

Doubt?

As you study God's Word you will understand some things easily. The fact that God loves you should be clear on every page. The fact that you are a sinner and need God for life and for holiness should also be clear. But God's Word reflects God's thoughts and not all of God's thoughts will be easy to understand. He says this in Isaiah: "For my thoughts are not your thoughts, neither are your ways my ways, declares the Lord. As the heavens are higher than the earth, so are my ways higher than your ways and my thoughts than your thoughts" (Isaiah 55:8-9).

If God is so much greater than we are, we couldn't expect to understand immediately everything He says, or does. His thoughts are greater than ours. Remember this as you study His Word. God gives us good reasons for believing in Him first and asks us to believe only after

Wólta'ii 11

T'óósh Hoł Naaki Nilį́į Doo?

Hazhó'ógo Diyin Bizaad bóhojiił'aahgo, yee áníníġíí biyi'dóó ła' nizhónígo bik'izhdi'yiitįįh łeh. Diyin God ayóó'ánihó'níníġíí Bizaad biyi'dóó t'áá ałtsojį' bee béèhózingo át'é. T'áá hó bąąhági ájít'éhíġíí, áádóó iiná dóó t'áá ákwii át'éii binahjį' Diyin bídin jílíníġíí – díí ałdó' t'áá ałtsojį' íishjáą́ áyoolííł. Áko nidi Diyin Bizaad éí Diyin binitsékees bee béèhózin. Bíla'ashdla'ii daniidlíníġíí éí Diyin God binitsékeesíġíí doo t'áá át'é hoł béèhózingo bízhneel'ą́ą da. Isaiah ání: "Háálá bee nitséskeesii éí doo bił aheełt'éego bee nitsídaohkees da, índa ádanoht'éii éí ánísht'éii doo bił aheełt'ée da, ní Bóhólníihii. Háálá yádiłhił éí nahasdzáán biláahdi hólónígi át'éego ánísht'éii éí ádanoht'éii biláahgo át'é, índa bee nitséskeesii éí bee nitsídaohkeesii biláahgo át'é" (Isaiah 55:8-9).

Diyin nihiláahdi át'éego biniinaa yee nihił halne'íġíí dóó ááníłíġíí ła' doo t'áá ałtsojį' bik'izhdi'dootįįł da. Diyin binitsékees éí nihinitsáhákeesíġíí biláahdi át'éé lá. Díí béénílniihgo Diyin God Bizaad bóhół'aah. Binahjį' iizhdoodlą́ąłíġíí t'óó ahayóí hóló. Aláąjį' góne'é t'áá aaníinii nihá íishjáą́ ííł'į́, áádóó índa dashizhdoodlą́ął nihiłní. Nidi oodlą'

making the truth clear to our minds. But religious belief must still be based on faith. Good evidence doesn't remove the need for faith. Instead it makes faith intelligent and well informed.

"God always gives us facts and reasons before He asks us to believe. We know He lives because He is the Creator. He shows us His character by what He does for us. We know His Word is true because things have happened the way He said they would. Yet God does not make it impossible for us to doubt. Our faith must rest on good reasons, not on absolute proof. Those who wish to doubt may do so. But people who really desire to know the truth will find good reasons to believe. They can rest their faith on the Word of God" (*Steps to Jesus*, pp. 105-6).

When we say that we don't understand something in God's Word, what are we saying? Only that God knows more than we do. Is this surprising? That's exactly what we would expect! Of course He knows more than we do, and so we will have to study carefully what He says. But we can get real help from His Word even without understanding everything perfectly. We can still learn what He wants us to do and receive the blessings He wants us to have.

nilínígíí t'ah nidi bídin jílį. Biniyéii binahjį' iizhdoodląąłígíí éí doo oodlą́ bee a'ódlí nahjį' kwíidoolíił da, nidi hwe'oodlą' t'óó bee ééhózingo ííł'į.

"Diyin God éí shiinídlą́ nihiłní, nidi biniyéii bidziilii hólǫ́ yinahjį' kóní. Bí éí hinánígíí, t'áá ákogi át'é nilínígíí, Bizaad éí t'áá aaníinii nilínígíí – díí t'áá ałtso hazhó'ó baa nitsíníkees dooleeł. Nidi háiida t'ahdii doo ajoodlą́ą da daats'í łeh. Azhą́ binahjį' iizhdoodląąłígíí hólǫǫ nidi, ajoodlą́ągo dóó ajoo'įįgo naaki ał'ąą át'é. Doo iinishdlą́ą da dooleeł jinízingo, áko t'ahdii doo ajoodlą́ą da doo. Nidi t'áá aaníinii shił ííshją́ą́ ádoolnííł jinízingo, biniyéii t'óó ahayóí bik'ízhdoogááł. Áko Diyin God Bizaad yee na'nitinígíí niłdzilgo joodlą́ą doo" (*Steps to Jesus*, pp. 105-6).

Diyin Bizaad bii' ak'e'ashchínígíí ła' doo bik'i'diishtįįh da jiníigo, ha'át'íí lá ááhyiłní? Diyin éí shilááh át'éego bił ééhózin, t'áá éí t'éiyá. Díísh doo bééhózin da? Ídą́ą' lá t'áá ákót'éego nihił ííshją́ą́ ni! T'áadoo bahat'aadí Diyin halááh át'éego bił ééhózin, áko yee haadzí'ígíí ła' éí doo tsį́įłgo bik'izh'diitįįh da. Azhą́ ákót'ée nidi t'áá aaníinii t'óó ahayóí Diyin Bizaad bits'ą́ądóó bíhwiizhdooł'áałgo át'é. Bik'ehgo jiinée dooleełii áádóó yá'ádaat'éehii Diyin haidooléłígíí t'ah nidi nizhónígo bik'izhdi'dootį́įł.

Many doubt God because sin remains in their lives. "When we are proud and sin-loving, we do not welcome the teachings of God's Word. If we are not willing to obey God's Word, we are ready to doubt" (*Steps to Jesus*, p. 112). There are times when people need to change the way they live, and not everyone is willing to do that. So instead they deny God. This is not right.

"It is impossible for our minds to understand fully the character or the works of God. Even the brightest, best educated people cannot fully understand such a Holy Being. He will always be a mystery" (*Steps to Jesus*, p. 106).

"We are made humble when we realize how wise God is. His greatness and power are beyond our understanding. We should open His Word as though we were coming before God Himself. In Bible study, reason must see a power greater than itself. Heart and mind must bow before the God

Bąąhági át'éii bił nizhóníígíí biniinaago diné t'óó ahayóí doo da'oodlą́ą da. "Diyin Bizaad biyi'dóó na'nitinígíí dóó yee nahas'áanii éí diné ádaa dadzódlíii dóó bąąhági át'éii bił danizhóníígíí doo bił yá'ádaat'éeh da lá. Diyin yee nahas'áanii doo bik'eh honish'į́į da danízinígíí, doo dayoodlą́ą da łeh" (*Steps to Jesus*, p. 112). Diyin Bizaad éí t'áá aaníí nidi diné ákódaat'éhígíí doo łahgo át'éego hinishnáa da daaníí łeh. Áko Diyin God biyooch'íid daaníigo ádaaní. Doo ákót'éego Diyin God baa nitsízdookos da.

"Bíla' ashdla'ii daniliinii, doo nízaadgóó bił éédahózinii, Diyin át'éhígi át'éii dóó yee áánííłígíí doo t'áá ałtsojį' bik'izhdi'dootį́įłgo át'ée da. Diyin éí doo bóhonee'ą́ągóó bił ééhózin. Azhą́ diné ła' aláahgo hóyáanii dóó wódahgo nihoní'įįdii jílį́į nidi, Diyin át'éhígíí doo ts'ídá t'áá ałtsojį' bik'izhdi'dootį́įł da doo" (*Steps to Jesus*, p. 106).

"Diyin bibee adziilii dóó bił ééhózinii dóó t'áá hó doo bízhneel'ánígíí baa ákoniizįįhgo, áko ádaa hojijoolba'ígo ádaa nitsídzíkees doo. Diyin Bizaad ąą ájiił'įįhgo Diyin God t'áá bí bich'į' dzizį́įgi át'é nahalingo, áko ayóo bich'į' hozdísingo baa nitsídzíkees doo. Diyin Bizaad baa nitsídzíkeesgo háni' nilínígíí éí t'áadoo le'é haláàh át'éego hólónígíí baa

who spoke of Himself as the great I AM" (*Steps to Jesus,* p. 111).

ákozdínóozįįł. Hajéí bee, dóó háni' bee, ÁSHT'ÍNÍGÍÍ Ayóó Át'éii wolyéhígíí bich'į' yaa ádzaa nahalingo baa nitsídzíkees dooleeł" (*Steps to Jesus*, p. 111).

Chapter 12

Joy!

You have accepted Jesus as your Savior. There have been a number of changes in your life and people have noticed them. They know you are trying to be a Christian. So what effect will your life have on them?

"Everyone has trials, sorrows, and temptations. We must not tell our troubles to people, but take everything to God in prayer. We should make it a rule never to speak a word of doubt. We can do much to brighten the lives of others. Our words of hope and holy cheer will make them stronger" (*Steps to Jesus*, p. 120).

When Jesus had troubles He took them to His Father. When He spoke to other people He didn't burden them with any more problems, but said things that would help. Jesus

Wólta'ii 12

Ił Hózhǫ́!

K'ad índa Jesus yisdá'iiníiłii nilįįgo yinídlą́. Ha'át'éegi ne'iina' éí łahgo ádzaa, áádóó diné néédahósinii díí yaa ákodaniizį́į́'. Bił béédahózingo oodlání nishłįį dooleeł jinízin. Áko hinínánígíí dayoo'įįgo haléit'éego diné ła'ígíí Diyin God yaa nitsídaakees doo?

"Łahda diné t'áá háiida ti'dahooníih lá. Yíníił yiih nátłish dóó bee na'íhonitaah bidziilii bich'į' naat'i'. Áko nidi bik'ee ti'hojooníhígíí níláahgóó doo baa naanáhojoolnih da. Diyin bich'į' sozdilzin áádóó t'áá ałtsoní bich'į' íishjąą ájoolíił doo, nidi diné ła'ígíí doo hozhdoolnih da. T'áálá'í saadígíí nidi, binahjį' hoł naaki nilįį dooleełígíí éí doodago binahjį' yíníił biishdidootłishígíí, ts'ídá doo bee yájíłti' da doo. Saad bee yáníłti' dooleełígíí éí, binahjį' ił chohoo'íinii dóó binahjį' chánah jílįį dooleełígíí t'éiyá. Áko diné ła'ígíí Diyin yaa ahééh danízin doo, áádóó yá'át'éehgo náás dookah" (*Steps to Jesus*, p. 120).

Jesus éí yik'ee ti'hooníhígíí shįį biTaa' t'éí yee yił halne'. Éidí diné náánáła'jį' danilínígíí yee bich'į' nahwii'nánígíí doo yee yił halne' da, áko t'áadoo le'é bá yá'át'ééh

thought of other people before Himself, and we should do this too. Don't talk to other people about your problems. They have enough of their own. Share things like that with your heavenly Father. When you talk with your friends tell them how good God has been to you. That will help them and it will help you also.

Our job as Christians is to let Jesus live out His life in us and to become more and more like Him. So what was Jesus like? "His face wore a look of peace and joy. Happiness flowed from His heart. Wherever He went He brought rest and peace, joy and gladness" (*Steps to Jesus*, p. 121). If Jesus is truly living in your heart by His Holy Spirit you too will have rest and peace, joy and gladness. If you have these things, share them with others!

Jesus once prayed for His followers like this: "My prayer is not that you take them out of the world but that you protect them from the evil one" (John 17:15). It is true

dooleełígíí éí yee yich'į' yáłti'. Nik'is bee nich'į' náhóót'i'ígíí t'áadoo bee bił hólne'í. Bí t'áá íídą́ą́' t'óó ahayóí bee bich'į' anídahazt'i'. Áko ha'át'íí shį́į́ ákódaat'éhígíí aTaa' t'éiyá bich'į' ííshją́ą́ ániléeh. Nik'isóó bił ahił hólne'go, Diyin ba'íínílíigi dóó naa jooba'ígíí bee bił hodíílnih. Nik'is bá yá'át'éeh dooleełígíí baa nitsíníkees le'. Ákónít'įįgo ni ałdó' ná yá'át'éeh doo.

Díísh jįįgóó oodlání danilínígíí Jesus hinánígi át'éego dahináa doo. Áko Jesusshą' hait'éego hináá nít'éé'? "Jesus éí doo yíníił naagháa da, áádóó doo naachǫ' da nít'éé' lá. Diné ła'ígíí, Jesus binii' dayiiłtséehgo biTaa' ya'ólíhígíí bił béédahózin lá. Bijéí bii'dę́ę́' iiná háálįįgo biniinaa t'áá háiida bik'ijígháahgo háá'áyį́įh dóó ił hodéezyéél, ił yá'át'ééh dóó ił hózhǫ́, bits'ą́ą́dóó shójoołt'eeh" (*Steps to Jesus*, p. 121). Jesus t'áá aaníí nii' hólǫǫgo t'áá ni ałdó' háá'áyį́įh dóó ił hózhǫ́ nee hodooleeł. Díidí nee hólǫǫgo shį́į́, bíni'dii diné ła'ígíí bee bił béédahózin doo!

Łahdą́ą́' shį́į́ Jesus éí naakits'áadah yikéé' naakaiígíí t'áá ákót'éego yá sodoolzin: "Éí nahasdzáán bikáá'dóó náádidíídlééłígíí doo biniyé ádíshníi da, nidi bąąhági át'éii nilíinii bits'ąą baa áhólyą́ą doo biniyé ádíshní" (John 17:15). Diyin doo t'áá k'ad nahasdzáán yikáá'dóó

that God has not taken you out of the world. You're still here and so are all your responsibilities – the car still has to be fixed once in a while, and the house has to be kept clean.

God won't do your work and He won't always take away your problems, but He will always take care of you as you deal with these things. "The great Father opens His hands and gives enough for the needs of all His creatures. The birds of the air are always in His thoughts. He does not drop food into their bills, but He provides for all their needs. They must gather the grain He has scattered for them. They must find what they need to build their nests and feed their young. The birds sing as they hunt for their food. They sing because our 'Father in heaven takes care of them'" (*Steps to Jesus*, pp. 124-25). And aren't we worth more than birds?

God will not personally buy your food. But if you are following Him you won't be spending money on alcohol, tobacco, bad entertainment, and other things that are both harmful and expensive. By keeping you healthy and strong He makes it possible for you to buy your own food. If He is doing this for you, isn't that something to be happy about?

nánidoołtéeł da. T'ah nidi kǫ́ǫ́ hinínáá, áko baa nidíínaałígíí dahólǫ́. Naanish t'ahdii hólǫ́ – chidí hasht'éézhdoodlííł daats'í, hooghan éí nahozhdooshohgoda át'é.

Ninaanish dóó bee ti'hojooníhígíida Diyin shį́į́ éí doo nahjį' kwíidoolííł da, nidi t'áá ni ákwíinit'įįhgo naa áhályą́, dóó níká análwo'. Áko t'áá ni naanishígíí binanilnish doo. "Diné dóó naaldlooshii Yaa Áhályáanii éí bíla' ąą áyiil'įįhgo áyiilaaígíí t'áá ałtso hwiih danilįįgo ííł'į. Tsídiiłbáhí nidi yaa áhályą́. Bich'iyą' doo bidaa'jį' yizaayiiníił da, nidi yídin danilínígíí yá yisłá. Ch'il bílástsii' t'áá ałtsogóó hólǫǫgo hadeinitáago nidayiiláah. Tsídii éí bit'oh t'áá bí adeiile'. T'áá bí dabiyázhí ch'iyáán yaa dayiijááh. Nizhónígo ádaaníigo binaanish yaa nidaakai lá, háálá nihiTaa' yá'ąąshdi hólóonii ba'ałtso' " (*Steps to Jesus*, pp. 124-25). Da' nihíísh doo tsídii biláahgo da'niidlįį da?

Diyin t'áá bí éí nich'iyą' doo ná neidiyoołnih da. Nidi bikéé' yínáałgo áko tódiłhił, éí doodago nát'oh, dóó azhishgi ádaat'éhígíí, índa ha'átíhída nááná doo há yá'ádaat'éehii t'áadoo bee tsi'naninähí da doo. Áko nitah yá'áhoot'ééh dóó nidziil ánósingo t'áá ni éí ninaanish ałtso binanilnish doo, dóó nich'iyą' nahidííłnih bíninil'ąą doo. T'áá ákót'éego Diyin naa áhályą́ągo, doósh baa nił hózhǫ́ǫ da?

This earth is not heaven. Jesus never said that it would be. So don't expect things always to turn out just like you think they should. But if you believe and follow Christ you can be sure that things will turn out as *He* knows they should. If you really want God to be first in your life, and if you want Him to lead you and bless you, then you won't be disappointed.

God has given you many things to be thankful for already. You may still have troubles, but now you know Someone who can help. If you have help, but act like you don't, then your life is a lie. Don't make people think you've lost your last friend. Isn't Jesus your Friend? Tell the truth about God by the way you live. When other people see you they should be able to tell that God has been good to you and that you know He has been good to you. Then others who see your peace and confidence will want to know Him too.

This kind of life honors God. It is a blessing to you and will be a blessing to others. That's another thing to be happy for. Rejoice in the Lord!

Díí nahasdzáán doo yá'ąąsh át'ée da. Jesus éí doo ákóhoot'é nihidííniid da. Áko łahda iinínízinígíí doo ádooníił da sha'shin. Nidi Christ yínídlą́ągo dóó bikéé' yínáałgo shį́į́, áko *t'áá bí* iinízinígi áhodooníił. Christ aláahgo hoł nilį́į le' nínízingo, dóó bí éí bik'ehgo jiináa dooleeł nínízingo, áko nijéítł'ááhdę́ę́' nínízinígíí naa doolyééł.

Diyin éí baa nił hózhǫ́ǫ doo biniyé t'óó ahayóígóó na'nílá. Bee ti'hoo'níhígíí t'ahdii hólǫ́ daats'í, nidi Áká Análwo'ii ałdó' k'ad nihee hólǫ́. Diyin éí nizhónígo níká análwo'go, nidi yíníił naninááago, áko ne'iina' wooch'ííd át'é nahalin. T'áá ákót'éego hinínáago diné náánáła' danilínígíí, hak'is doo hólǫ́ǫ da nahalingo naa nitsídaakees doo. Doósh Jesus Ak'is nilį́į da? Ne'iina'ígíí bee Diyin God éí t'áá aaníí baa hólne'. Diné néédahósinii éí, Diyin ayóo haa jooba' lá, danízingo naa nitsídaakees dooleeł. Áádóó hó ałdó' hoł béého zingo ákót'éé lá, éí bił béédahózin doo. Áko diné ła'ígíí, nił hózhónígíí dóó ne'oodlą' bidziilígíí binahjį', shí dó' Diyin God yideeshdlą́ął danízin doo.

Díigi át'éego jiinááago Diyin bił yá'át'ééh. T'áá hó baa hoł hózhǫ́ǫgo biniinaa Diyin God baa hojiniih łeh, áádóó diné ła'ígíí bee bik'inááhojidlíi doo. Díí náá'ałdó' binahjį' baa nił hózhǫ́ǫ doo. Bíni'dii Bóhólníihii baa ha'niih dooleeł!

Appendix

More About Jesus

When you walk with Jesus, as the title of this booklet suggests, who are you walking with? Who is Jesus? It is true that Jesus Christ is a Friend and Savior, but He is more. He is the life Giver. He can give life at last because He gave life at first. When I say "at last," I'm talking about what Jesus calls "the last day" (see John 6:40). That's resurrection. When I say "at first," I'm talking about the beginning of our world. That's creation (see John 1:1-3). Jesus is one with the Creator. When we praise Christ, we are praising both Him and His Father – the One who made all things.

During the time in between the first and the last, the beginning and the end (He *is* "the First and the Last, the Beginning and the End" [Revelation 22:13]), Jesus offers you life "more abundantly" (John 10:10, KJV). He wants to give you a good life, one you will be happy with. He can give this kind of life because He *is* "the way, the truth, and the life" (John 14:6). He has always been the Way, the Truth, and the Life. But there one other thing He would like to be – your Friend. He cares about you and wants to walk with you.

Below I quote some Bible verses about Jesus in English and in five Native languages. These represent both Canada and the United States. They are drawn from the Southwest (Navajo, Western Apache), the Southeast and Oklahoma (Cherokee, Muskogee), and the Great Plains (Plains Cree). Jesus should be praised by people of every nation and in every language.

English

"For God so loved the world that he gave his one and only Son, that whoever believes in him shall not perish but have eternal life." (John 3:16)

"For my Father's will is that everyone who looks to the Son and believes in him shall have eternal life, and I will raise him up at the last day." (John 6:40)

After he had said this, he went on to tell them, "Our friend Lazarus has fallen asleep; but I am going there to wake him up." [12] His disciples replied, "Lord, if he sleeps, he will get better." [13] Jesus had been speaking of his death, but his disciples thought he meant natural sleep. [14] So then he told them plainly, "Lazarus is dead, [15] and for your sake I am glad I was not there, so that you may believe. But let us go to him." . . . [18] Bethany was less than two miles from Jerusalem, [19] and many Jews had come to Martha and Mary to comfort them in the loss of their brother. [20] When Martha heard that Jesus was coming, she went out to meet him, but Mary stayed at home. [21] "Lord," Martha said to Jesus, "if you had been here, my brother would not have died. [22] But I know that even now God will give you whatever you ask." [23] Jesus said to her, "Your brother will rise again." [24] Martha answered, "I know he will rise again in the resurrection at the last day." [25] Jesus said to her, "I am the resurrection and the life. He who believes in me will live, even though he dies; [26] and whoever lives and believes in me will never die. Do you believe this?" [27] "Yes, Lord," she told him, "I believe that you are the Christ, the Son of God, who was to come into the world." (John 11:11-27)

"Men, why are you doing this? We too are only men, human like you. We are bringing you good news, telling you to turn from these worthless things [see vss. 8-14] to the living God, who made heaven and earth and sea and everything in them." (Acts 14:15)

"If you obey my commands, you will remain in my love, just as I have obeyed my Father's commands and remain in his love. [11] I have told you this so that my joy may be in you and that your joy may be complete." (John 15:10-11)

Navajo

Háálá Diyin God éí nihokáá' dine'é t'áá íiyisí ayóó'ájó'níigo bąą haYe' t'ááłá'í há yizhchínígíí baazhníłtį, áko t'áá háiida boodlą́ągo baa dzólíhígíí éí doo ádoodįįł da, nidi iiná doo ninít'í'ii bee hólǫǫ dooleeł. (John 3:16)

Háálá shiTaa' díí yee íinízinii át'é, éí t'áá aYe' jiiłtsánígíí áádóó joodlą́ągo beijólíhígíí, iiná doo ninít'i'ii hwee hólǫǫ dooleeł, áko niiníłkáądi dadziztsą́ądę́ę́' náahodideeshłááł. (John 6:40)

Kót'éego hadzoodzíi'go ánáábizhdoo'niid, Nihik'is Lázaras ałhosh, nidi ajiłhoshdę́ę́' ch'ééhodeesił biniyé déyá. 12 Hódahooł'aahii ádahałní, Bóhólníihii, jó, t'óó ajiiłhaazhgo k'ad shįį náázhdidoodááł. 13 Jesus éí Lázaras daaztsánígíí ááhyiłní, nidi hanályįįhgo ałhoshígíí ááhyiłní daznízin. 14 Áko índa t'áá bééhózínígo hoł hoolne', Lázaras éí daaztsą́, 15 áko da'iidoohdląął biniyé doo áadi naasháa da nít'é'ígíí bąą shił hózhǫ́, háálá éí nihá yá'át'ééh. T'áá áko nidi bich'į' diikah. . . . 18 Jerúsalemdóó Béthaniijį' t'áá áyídí, naakidi tsin sitą́ daats'í ánízah, 19 áko Jew dine'é łą'í éí Martha índa Mary bilah daaztsánígíí hadayi'ayoołniih doo biniyé yaa haaskai. 20 Martha éí Jesus aadę́ę́' yigáłígíí jíínii'go dashdiiyáago bidááshníyá, Mary éí t'áá kin góne'é sidá. 21 Martha éí Jesus áyidííniid, Bóhólníihii, kwe'é naninááago, shilah doo daaztsą́ą da doo nít'éé'. 22 T'áá k'ad nidi Diyin God t'áá ha'át'íhída, Shá áníléeh, bidííníniidgo, éí Diyin God ná íidoolííłgo shił bééhózin. 23 Jesus áhodííniid, Nilah yę́ę náádidoodááł. 24 Áádóó Martha ánáázhdoo'niid, Niiníłkáądi da'neeznáádę́ę́' náá'di'yiijeehgo atah hinááh nízhdoodleełgo shił bééhózin ni. 25 Jesus ánááhodoo'niid, Shí náá'di'yiijeeh índa iiná nishłį́; t'áá háiida shoodlą́ągo sheidzólíii éí daaztsą́ą nidi, hináa doo, 26 índa t'áá háiida hiná áádóó shoodlą́ągo shaa dzólíhígíí éí ts'ídá doo dadootsaał da. Da' díísh yinídlą́? 27 Martha ánáázhdoo'niid, Aoo', Bóhólníihii, ni éí Christ, Diyin God biYe' nílįįgo nahasdzáán bikáa'jį' nínááh hodoo'niid yę́ę wooshdlą́. (John 11:11-27)

Shoo, hastóí, díishą' ha'át'íí biniyé ádaaht'į? T'áá nihígi át'éego, nihí ałdó' diné niidlįįgo át'é, áko hane' yá'át'éehii nihaa niit'ą́, áko t'óó ádaat'éii bits'áhidoohkahgo Diyin God hináanii yádiłhił áádóó nahasdzáán áádóó tónteel, índa t'áá ałtsoní biyi'di dahólóonii áyiilaii bich'į' dah dahididoohkah. (Acts 14:15)

T'áá shiTaa' yee nahas'áanii bik'eh honish'įįgo be'ayóó'ó'ó'ni' bii' honishłónígi át'éego, bee nahoséł'áanii bik'eh dahonoł'įįgo, she'ayóó'ó'ó'ni' bii' dahonohłǫǫ doo. 11 Shibee ił hózhǫ́ nihii' dahólǫǫ doo biniyé díí bee nihich'į' hahásdzíí', áko nihíni' biighahgo nihił dahózhǫǫ doo. (John 15:10-11)

Apache (Western)

Bik'ehgo'ihi'n̲ań ni'gosdzáń biká' n̲nee dázhǫ́ bił daanzhǫǫhíí bighą biYe' dała'áhi yaa yinłtįį́, áík'ehgo dahadíń bosdląądihíí doo da'ílįį́ hileeh da, áídá' ihi'n̲aa doo ngonel'ąą dahíí yee hin̲aa doleel. (John 3:16)

Díínko shinł'a'ń hát'įį́, hadíń shíí, biYe' nshłiiníí, sho'iiníí ła'íí shodlaanįį́ ihi'n̲aa doo ngonel'ąą dahíí yee hin̲aa doleeł: áík'ehgo nnágodzaahíí bijįį nábihishn̲ah doo. (John 6:40)

Án̲niidíí bikédí'go gánádaayiłdo'n̲iid, Nohwit'eké Lázarus iłhosh;
ch'ínánsiidyú déyáá. 12 Bitsiłke'yu gádaabiłn̲ii, NohweBik'ehń, Lázarus
iłhoshyú nłt'éé nádleeh gádnii. 13 Jesus, Lázarus daztsąą, n̲iigo an̲íí: áídá'
bitsiłke'yuhíí hánáyołgo iłhoshgo áyiłn̲ii lą́ą daanzį lęk'e. 14 Jesus áníita
ch'í'n̲ah ádaagozlaa, Lázarus daztsąą, n̲iigo. 15 Da'ohdląą doleełhíí bighą
doo ákú nashaa dahíí nohwá shił gozhǫ́ǫ́; ndi haląą bich'į'yú dookáh. . . .
18 Jerúsalemdí' nakidn dahgostǫ'yú shį Béthany goz'ąą: 19 Áídí' Jews
daanlíni łą́ągo Martha hik'e Mary bilah n'íí bighą bidag yádaałti'go baa
heskai. 20 Martha Jesus higháhgo ya'ikonzįįgo dagoshch'į' yich'į'
ch'ínyáágo yaa nyáá, Mary kįh yun̲e' sidaadá'. 21 Martha Jesus gáyiłn̲ii,
SheBik'ehń, kú síńdaayúgo shilah doo daztsąą da doleeł ni'. 22 K'ad ndi
dant'éhéta Bik'ehgo'ihi'n̲ań bíhónkeedíí naa yiné'go bígonsį. 23 Jesus
gábiłn̲ii, Nilah naadidodaał. 24 Martha gábiłn̲ii, Nnágodzaahíí bijįį
nách'idikáhgee naadidodaałgo bígonsį. 25 Jesus gábiłn̲ii, Shíí shilahyú
n̲nee naadidokaah, shíí ihi'n̲aahi nshłįį: dahadíń shodląąyúgo daztsąą
ndi, hin̲aa nádodleeł: 26 Dahadíń hin̲aago shodlaaníí doo datsaah at'éé
da. Ya' díí hondląą née? 27 Martha gábiłn̲ii, Ha'oh, sheBik'ehń: Christ,
Bik'ehgo'ihi'n̲ań biYe' ni'gosdzáń biká' híghąhi ńlįįgo hoshdląą (John
11:11-27)

Nn̲ee daanołíni, hat'íí lą́ą bighą ágádaałt'įį? Nohwíí ałdó' nohwíí k'ehgo n̲nee n̲líni ánt'ee: daazhógo ádaat'éhi bich'ą́'zhį' ádaałn̲e'ná' Bik'ehgo-'ihi'n̲ań hin̲áhi daahołkąąh le', áń yáá, ni'gosdzáń, túnteel ła'íí dawa biyi' daagolínihíí áyíílaahi at'éé[.] (Acts 14:15)

ShiTaa yegos'aaníí bikísk'eh ánsht'eego dábik'ehn bił nshǫǫhíí k'ehgo bengoni'áánií bikísk'eh ádaanoht'eeyúgo, dábik'ehn shił daanohshǫǫ doleeł. 11 Shits'ą́'dí' kołijóóníí nohwiyi' daagolįį doleełgo, ła'íí dázhǫ́ nohwił daagozhǫ́ǫ́ doleełhíí bighą be'ánohwiłdén̲iid. (John 15:10-11)

Cherokee

ᎾᏍᎩᏰᏃ ᏂᎦᎥᎩ ᎤᏁᎳᏅᎯ ᎤᎨᏳᏒᎩ ᎡᎶᎯ, ᏕᎤᏲᏒᎩ ᎤᏤᎵᎦ ᎤᏪᏥ ᎾᏍᎩ ᎤᏩᏒᎯᏳ ᎤᏕᏁᎸᎯ, ᎩᎶ ᎾᏍᎩ ᏱᎪᎯᏳᎲᏍᎦ ᎤᏲᎱᎯᏍᏗᏱ ᏂᎨᏒᎾ, ᎬᏂᏛᏉᏍᎩᏂ ᎤᏩᏛᏗ. (John 3:16)

ᎠᎴ ᎾᏍᎩ ᎯᎠ ᏄᏍᏗ ᎠᏓᏅᏖᏍᎬ ᎠᎦᏴᎵᎨ ᎤᏛᎩᏅᏏᏛ, ᎾᏍᎩ ᎩᎶ ᎠᎪᏩᏘᏍᎩ ᎤᏪᏥ, ᎠᎴ ᎾᏍᎩ ᎪᎯᏳᎲᏍᎩ, ᎾᎵᏍᏆᏗᏍᎬᎾ ᎬᏂᏛ ᎤᏤᎵᎦ ᎢᏳᎵᏍᏙᏗᏱ; ᎠᎴ ᎾᏍᎩ ᎠᏴ ᏙᏓᏥᏯᎴᏔᏂ ᎤᎵᏍᏆᎸᏗ ᎢᎦ ᎨᏎᏍᏗ. (John 6:40)

ᎾᏍᎩ ᎯᎠ ᏄᏪᏒᎩ; ᎿᏉᏃ ᎯᎠ ᏂᎦᏪᏎᎸᎩ; ᎳᏏᎳ ᎢᎦᎵᎢ ᎦᎵᎭ; ᎠᏎᏃ ᏓᎨᏏ,
ᏮᏓᏥᏰᏍᏔᏂ. 12 ᎬᏩᏍᏓᏩᏗᏙᎯᏃ ᎯᎠ ᏄᏂᏪᏒᎩ; ᏣᎬᏫᏳᎯ, ᎢᏳᏃ ᏱᎦᎵᎭ
ᏓᏳᏗᏩᏏᏉ. 13 ᎠᏎᏃ ᎤᏲᎱᏒ ᎦᏛᎬᎩ ᎾᏍᎩ ᏄᏪᏒ ᏥᏌ; ᎾᏍᎩᏍᎩᏂ Ꮎ
ᎠᎦᎵᎲᏉ ᏦᏯᏪᏐ ᎵᎨ ᎦᏛᎦ ᎤᏁᎵᏒᎩ. 14 ᎿᏉᏃ ᎬᏂᎨᏒ ᏥᏌ ᎯᎠ ᏂᎦᏪᏎᎸᎩ;
ᎳᏏᎳ ᎤᏲᎱᏒ; 15 ᎠᎴ ᎣᏏᏳ ᎠᎩᏰᎸᎭ ᎾᎿ ᏫᏂᎨᏙᎲᎾ ᏥᎨᏒᎩ, ᏂᎯ
ᎤᏗᎦᎵᏍᏙᏗᎭ, ᎢᏦᎯᏳᏗᏱ. ᎠᏎᏃ ᎡᏗᏩᏛᎢᎦ. . . . 18 ᎾᏍᎩ ᏇᏗᏂᏃ ᎦᏚᎲ
ᏥᎷᏏᎵᎻ ᎾᎥ ᎨᏒᎩ, ᏔᎵᎭᏉ ᎢᏳᏟᎶᏛ. 19 ᎠᎴ ᎤᏂᏣᏛ ᎠᏂᏧᏏ ᎬᏩᏂᎷᏤᎸᎩ
ᎹᏗ ᎠᎴ ᎺᎵ ᎬᏩᏂᏄᏬᎯᏍᏔᏂᎸᎩ ᎤᏂᏙ ᎤᏥᎱᏒ ᎢᏳᏍᏗ. 20 ᎿᏉᏃ ᎹᏗ
ᎤᏛᎦᏅᏉ ᏥᏌ ᏣᎢᏒᎢ ᏫᎦᏠᏒᎩ. ᎺᎵᏍᎩᏂ ᎦᎵᏦᏕᏉ ᎬᏬᎸᎩ. 21 ᎿᏉᏃ ᎹᏗ
ᎯᎠ ᏄᏪᏎᎸᎩ ᏥᏌ; ᏣᎬᏫᏳᎯ, ᎢᏳᏃ ᎠᏂ ᏱᏢᏙᏢᎢ, ᎥᏝ ᏱᎬᏩᏲᎱᏎ ᎥᎩᏙ. 22
ᎠᏎᏃ ᏥᎦᏔᎭ ᎾᏍᏉ ᎪᎯ ᎨᏒ ᏂᎦᎥ ᎪᎱᏍᏗ ᏯᏔᏲᏎᎸ ᎤᏁᎳᏅᎯ, ᏣᏁᏗᏉ ᎨᏒ
ᎤᏁᎳᏅᎯ. 23 ᏥᏌ ᎯᎠ ᏄᏪᏎᎸᎩ; ᎡᏣᏙ ᏙᏛᎠᎴᎯᏌᏂ. 24 ᎹᏗᎯᎠ ᏄᏪᏎᎸᎩ;
ᏥᎦᏔᎭ ᏙᏗᎴᎯᏌᏂᏒ ᏧᎴᎯᏐᏗ ᎨᏒ ᎤᎵᏍᏆᎸᏗ ᎢᎦ ᎨᏎᏍᏗ. 25 ᏥᏌ ᎯᎠ ᏄᏪᏎᎸᎩ;
ᎠᏴ ᏧᎴᎯᏐᏗ ᎨᏒ ᎠᎴ ᎬᏂᏛ. ᎩᎶ ᎠᏉᎯᏳᎲᏍᎨᏍᏗ, ᎢᏳ ᎾᏍᏉ ᎤᏲᎱᏒᎯ ᏱᎩ,
ᎬᏁᏍᏗ. 26 ᎩᎶᏃ ᎬᏁᏍᏗ ᎠᎴ ᎠᏉᎯᏳᎲᏍᎨᏍᏗ, ᎥᏝ ᎢᎸᎯᏳ ᎤᏲᎱᎯᏍᏗ
ᏱᎨᏎᏍᏗ. ᎨᎯᏳᎲᏍᏕᏍᎪ ᎾᏍᎩ ᎯᎠ? 27 ᎯᎠ ᏄᏪᏎᎸᎩ; ᎥᎥ, ᏣᎬᏫᏳᎯ;
ᎪᎢᏳᎲᏍᎦ ᏂᎯ ᎦᎶᏁᏛ ᎨᏒᎢ, ᎤᏁᎳᏅᎯ ᎤᏪᏥ, ᎾᏍᎩ ᎡᎶᎯ ᎤᎷᎯᏍᏗ
ᏥᎨᏒᎩ. (John 11:11-27)

ᎯᎠ ᎾᏂᏪᏍᎨᎢ; ᎢᏥᏍᎦᏯ, ᎦᏙᏃ ᎾᏍᎩ ᎯᎠ ᏂᏣᏛᏁᎭ? ᎠᏴ ᎾᏍᏉ ᏴᏫᏉ ᎾᏍᎩᏯ ᏂᏣᎵᏍᏓᏁᎲ ᎢᏲᎩᎾᎵᏍᏓᏁᎯ, ᎠᎴ ᎢᏨᏯᎵᏥᏙᏁᎭ ᏗᏥᏲᎯᏍᏗᏱ ᎯᎠ ᎠᏎᏉᏉ ᏂᏣᏛᏁᎲᎢ, ᏫᏣᏕᏔᎲᏍᏗᏱᏃ ᎬᏂᏛ ᎤᏁᎳᏅᎯ ᎢᏗᎵ, ᎾᏍᎩ ᎤᏬᏢᏅᎯ ᏥᎩ ᎦᎸᎶᎢ ᎠᎴ ᎦᏙᎯ ᎠᎴ ᎠᎺᏉᎯ ᎠᎴ ᎾᏂᎥ ᎾᎿ ᎠᏁᎯ[.] (Acts 14:15)

ᎢᏳᏃ ᏱᏥᏍᏆᏂᎪᏗ ᏗᎧᎿᏩᏛᏍᏗ ᎠᏆᏤᎵᎦ, ᏱᏅᏩᏍᏗᏗᏉ ᎢᏨᎨᏳᎢᏳ ᎨᏒᎢ;
ᎾᏍᎩᏯ ᏣᎩᏍᏆᏂᎪᏔᏅ ᏗᎧᎿᏩᏛᏍᏗ ᎡᏙᏓ ᎤᏤᎵᎦ, ᎠᎴ ᏥᏅᏩᏍᏗᏗᏉ
ᎠᎩᎨᏳᎯᏳ ᎨᏒᎢ. 11 ᎾᏍᎩ ᎯᎠ ᏄᏍᏗ ᎢᏨᏬᏁᏔᏅ, ᎤᏩᏍᏗᏗᏎᏍᏗᏉ
ᎦᏥᏯᎵᎡᎵᎬ ᎠᏇᎵᏒ, ᎠᎴ ᎠᏫᎵᎮᎵᎬ ᎤᎧᎵᏨᎯ ᎨᏎᏍᏗ ᎠᏇᎵᏒ. (John 15:10-

Cree (Plains)

ᐃᐧᔭ ᑭᓴᒪᓂᑐᐤ ᐁᐢᐲᐦᒋ ᓵᑭᐦᑖᐟ ᐊᐢᑭᕽ, ᑭ ᒣᑭᐤ ᐅᐯᔭᑯᑯᓯᓵᓇ, ᐱᑯ ᐊᐃᐧᔭᐠ ᐁ ᑖᐯᐧᔦᔨᒫᐟ ᐁᑳ ᑭᑕ ᒥᓯᐊᐧᓈᑎᓯᐟ, ᒫᑲ ᑭᑕ ᐊᔮᐟ ᑳᑭᑫ ᐱᒫᑎᓯᐃᐧᐣ᙮ (John 3:16)

ᐁᐊᐧᑯ ᐅᒪ ᐅᐟ ᐃᑌᔨᐦᑕᒧᐃᐧᐣ ᐊᓇ ᑳ ᐯ ᐃᓯᑎᓴᐅᐟ, ᑕᐦᑐ ᐊᐃᐧᔭᐠ ᐃᐧᔮᐸᒫᐠ ᐅᑯᓯᓯᒫᐊᐧ, ᑳ ᑖᐯᐧᔦᔨᒫᐟ ᒫᑲ, ᑭᑕ ᐊᔮᐟ ᑳᑭᑫ ᐱᒫᑎᓯᐃᐧᐣ; ᓂ ᑲ ᐊᐧᓂᐢᑳᓈᐤ ᒫᑲ ᐃᐢᑳᐧᔮᐨ ᑮᓯᑲᑭ᙮ (John 6:40)

ᐁᐊᐧᑯᓂ ᐅᐃ ᑳ ᐊᔨᑌᐧᐟ; ᐁᑲᐧ ᒣᐧᐢᑕᐢ ᑭ ᐃᑌᐧᐤ, ᑭᑐᐦᑌᒥᓈᐤ ᓬᐋᐧᓴᕒᐊᐢ ᓂᐹᐤ; ᒫᑲ ᓂᐟ
ᐃᑐᐦᑖᐣ, ᑭᑕ ᓇᑕᐃᐧ ᑯᐢᑯᓇᐠ᙮ 12 ᐅᑭᐢᑭᓄᐊᒪᐋᐧᑲᓇ ᒫᑲ ᑭ ᐃᑌᐧᔨᐊᐧ, ᑌᐯᔨᐦᒋᑫᔭᐣ,
ᑮᐢᐱᐣ ᓃᐹᑫᐧ, ᑭᑕ ᒥᔪ ᐊᔮᐤ᙮ 13 ᐋᑕᐃᐧᔭ ᒋᓴᐢ ᐁ ᑭ ᓂᐱᔨᐟ ᑳ ᐃᑕᕽ: ᒫᑲ ᐃᐧᔭᐋᐧᐤ ᐁ
ᐋᐢᑌ ᐊᔮᔨᐟ ᐁ ᓂᐹᔨᐟ ᑳ ᐃᑕᕽ ᑭ ᐃᑌᔨᐦᑕᒪᐧᐠ᙮ 14 ᒋᓴᐢ ᒫᑲ ᒨᓯᐢ ᑭ ᐋᐧᐦᑕᒪᐁᐧᐤ,
ᓬᐋᐧᓴᕒᐊᐢ ᑭ ᓂᐱᐤ; 15 ᓂᒥᔦᐧᔨᐦᑌᐣ ᒫᑲ ᑭᔭᐋᐧᐤ ᐅᐦᒋ ᐁᑳ ᐁᑯᑕ ᐁ ᑭ ᐊᔮᔭᐣ, ᑭᑕ
ᑖᐯᐧᑕᒣᐠ; ᐁᔨᐁᐧᕽ ᒫᑲ ᓇᑕᐋᐧᐸᒫᑖᐠ᙮ ᙮ ᙮ ᙮ 18 ᑭᓯᐊᐧᐠ ᒋᓬᐅᓴᓬᐊᒥᕽ ᑭ ᐊᔮᐤ ᐯᑕᓂ,
ᓈᓂᑕᐤ ᓃᓯ ᑎᐸᐊᐢᑳᐣ ᐃᔨᑯᕽ᙮ 19 ᒥᐦᒉᐟ ᒫᑲ ᒎᐊᐧᐠ ᑭ ᐯ ᓇᑕᐋᐧᐸᒣᐊᐧᐠ ᒫᕒᑕᐊᐧ ᒥᓇ
ᒣᕒᐃᐊᐧ, ᐁ ᐋᐧ ᑳᑭᒋᐋᐧᒋᐠ ᐅᑕᐁᐧᒪᔨᐊᐧ ᐅᐦᒋ᙮ 20 ᐁᑯᓯ ᒫᕒᑕ, ᓵᒫᐠ ᐁ ᐯᐦᑕᕽ ᐁ ᐯ
ᑕᑯᓯᓂᔨᐟ ᒋᓴᓴ, ᑭ ᓯᐯᐧᐦᑌᐤ ᐁ ᑭ ᓇᑕᐃᐧ ᓇᑭᐢᑲᐋᐧᐟ; ᒣᕒᐃ ᒫᑲ ᐃᐧᔭ ᑫᔮᐱᐨ ᑭ ᐊᔭᐱᐤ
ᐋᐧᐢᑳᐃᑲᓂᕽ᙮ 21 ᒫᕒᑕ ᒫᑲ ᐅᒥᓯ ᑭ ᐃᑌᐤ ᒋᓴᓴ, ᑌᐯᔨᐦᒋᑫᔭᐣ, ᑮᐢᐱᐣ ᐅᑕ ᑭ ᐊᔮᔭᐣ,
ᓇᒪᐃᐧᔭ ᐅ ᑲ ᑭ ᓂᐱᐦ ᓂᑕᐁᐧᒫᐤ᙮ 22 ᒫᑲ ᓂᑭᐢᑫᔨᐦᑎᐣ, ᐊᐳᒋᑲ ᑫᔮᐱᐨ, ᐱᑯ ᑮᑲᐧᕀ
ᑲᑫᐧᒋᒪᒋ ᑭᓴᒪᓂᑐᐤ, ᑭᓴᒪᓂᑐᐤ ᑭᑲ ᒦᔨᐠ᙮ 23 ᒋᓴᐢ ᒫᑲ ᐃᑌᐤ, ᒥᓇ ᑭᑕ ᐊᐧᓂᐢᑲᐤ
ᑭᑕᐁᐧᒫᐤ᙮ 24 ᒫᕒᑕ ᒫᑲ ᐅᒥᓯ ᐃᑌᐤ, ᓂᑭᐢᑫᔨᐦᑌᐣ ᒥᓇ ᑭᑕ ᐊᐧᓂᐢᑳᐟ ᐋᐱᓯᓯᓈᓂᐃᐧᑭ
ᐃᐢᑳᐧᔮᐨ ᑮᓯᑲᑭ᙮ 25 ᒋᓴᐢ ᒫᑲ ᐅᒥᓯ ᑭ ᐃᑌᐤ, ᓂᔭ ᐅᒪ ᐋᐱᓯᓯᓄᐃᐧᐣ, ᒥᓇ ᐱᒫᑎᓯᐃᐧᐣ;
ᐊᓇ ᑳ ᑖᐯᐧᔦᔨᒥᐟ, ᐋᑕ ᑭ ᓂᐱᒋ, ᑫᔮᐱᐨ ᑭᑕ ᐱᒫᑎᓯᐤ᙮ 26 ᐊᐃᐧᔭᐠ ᒫᑲ ᐁ ᐱᒫᑎᓯᐟ
ᑖᐯᐧᔦᔨᒥᒋ, ᓇᒪ ᐋᐧᐦᑳᐨ ᑭᑕ ᓂᐱᐤ᙮ ᑭᑖᐯᐧᑌᐣ ᒌ ᐅᒪ? 27 ᐅᒥᓯ ᒫᑲ ᐃᑌᐤ, ᐁᐁ,
ᑌᐯᔨᐦᒋᑫᔭᐣ᙮ ᓂᑖᐯᐧᑌᐣ ᑭᔭ ᐁᐊᐧᑯ ᐅᑯᓯᓴ ᑭᓴᒪᓂᑐᐤ, ᑳ ᑭ ᐋᐧ ᐯ ᐃᑐᐦᑌᐟ ᐅᑕ ᐊᐢᑮᕽ᙮
(John 11:11-27)

ᒥᓇ ᐁ ᐃᑌᐧᒋᐠ, ᐅᑭᒫᑎᐠ, ᑖᓀᑭ ᐅᐃ ᑳ ᐃᑐᑕᒥᐠ? ᓅᐢᑕᓈᐣ ᓂᐟ ᐊᔨᓯᔨᓂᐃᐧᓈᐣ ᑖᐱᐢᑯᐨ ᑭᔭᐋᐧᐤ ᑳ ᐃᓯ ᐊᔮᔦᐠ, ᒥᓇ ᑭᐯᐦᑖᒪᑎᓈᐣ ᒥᔫᐧᒋᒧᐃᐧᐣ, ᑭᑕ ᐳᓂᐦᑖᔦᐠ ᐅᐃ ᐸᑲᐧᓇᑕ ᑮᑲᐧᔭ ᐁᑯᓯ ᑭᑕ ᐊᑐᐢᑲᐋᐧᔦᐠ ᑳ ᐱᒫᑎᓯᐟ ᑭᓴᒪᓂᑐᐤ, ᑳ ᑭ ᐅᓯᐦᑖᐟ ᑮᓯᐠ ᒥᓇ ᐊᐢᑭᕀ ᒥᓇ ᑭᐦᒋᑲᒥᕀ ᒥᓇ ᑲᐦᑭᔭᐤ ᑮᑲᐧᕀ ᐁᑯᑕ ᑳ ᐊᔮᐠ᙮ (Acts 14:15)

ᑮᐢᐱᐣ ᑲᓇᐁᐧᔨᐦᑕᒣᑯ ᓄᔭᓯᐁᐧᐃᐧᓇ, ᑭ ᑲ ᐋᔮᓈᐋᐧᐤ ᓂᓵᑭᐃᐁᐧᐃᐧᓂᕽ; ᒣᐧᒋ ᑳ ᐃᓯ
ᑲᓇᐁᐧᔨᐦᑕᒪᐧᐠ ᓄᐦᑖᐃᐧᕀ ᐃᐧᔭᓯᐁᐧᐃᐧᓇ, ᒥᓇ ᐁ ᐋᔮᐊᐧᐠ ᐅᓵᑭᐃᐁᐧᐃᐧᓂᕽ᙮ 11 ᐁᐊᐧᑯᓂ ᐅᐃ
ᑳ ᐊᔨᑎᑕᑯᐠ, ᓂᒫᒪᑖᑯᓯᐃᐧᐣ ᑭᑕ ᑭᑭᐢᑳᑯᔦᐠ, ᐁᑯᓯ ᑭᒫᒪᑖᑯᓯᐃᐧᓂᐋᐧᐤ ᑭᑕ ᑭᓯᐅᒪᑲᕽ᙮
(John 15:10-11)

Muskogee

Hesaketvmese ekvnv vnokece mahat hiyomen orvtet omekv: E'ppuce hvmkuse heckuecvte emvtes, mvn estimvt o estomet oh vkvsamat estemerkekot, hesaketv yuksvsekon ocvren. (John 3:16)

Momen heyvt a'c vtotvte komatet os, Eppuce hecet, oh vkvsamat vtekat hesaketv emeyuksv-sekon ocvranet os; momen nettv espoken akvwvpares. (John 6:40)

Heyv nanvken makvtes: momen erenyupv, Pun hesse Lisvle nocet omes:
momis nocan vhonecicaret ayvyet os, makvtes. 12 Momof en kerrepvlket,
Pucasē, nocet on omat, en hervres, makakvtes. 13 Momis Cesvs em elkvn
opunvyecet okvtes: momen, Fekapet nocet on okes, komakvtes. 14
Monkv Cesvs *em punayat*, kerkusen, Lisvle elet os. 15 Momen ece 'rahkv
taken vrvkate vc afvckes, vkvsamatskvren; mome estomis oh
vpeyvkeres, kicakvtes. . . . 18 Momen Pervne Celuslvme em vwolet
omvtes, vkerkv hokkolet mahet. 19 Momen Cusvlke sulket Mare Mele
tepakan en yicvtes, e'cerwv ohfvccvn emahlvpvtvret. 20 Momen Mare
Cesvs vlakvcuken pohan vpaket, vnrvpvranet ayvtes; momis Mele
fekhonnet, cukon likvtes. 21 Momen Maret Cesvs em punayet kicvtes,
Pucasē, yvmvn aretskvten omat, cv 'cerwv elekvnt os. 22 Momen hiyome
estomis, Hesaketvmese nak estomen em 'pohetskat Hesaketvmese
ce'mvret on kerris. 23 Ce 'cerwv hvtvm akvwvpkvres, Cesvs *Maren*
kicvtes. 24 Maret *a em punayet*, Nettv-espoke akvwvpketv omof hvtvm
akvwvpkvret on kerris, kicvtes. 25 Cesvs Maren *em punayat*, Vnet
akvwvpketv toyit, hesaketv toyis: estimvt vc oh vkvsamat, elvtet o
estomis, hesakvres. 26 Momen estimvt o estomis wenaket, vc oh
vkvsamat, estofis ehlekos. Heyv vkvsvmetske te? kicvtes. 27 Maret em
punayat, Henka, Pucasē, Klist Hesaketvmese E'ppuce yvmv ekvnv
vlvkvranvte toyetsken vkvsamis, kicvtes. (John 11:11-27)

Hunvntakē, estoman heyv nanvke momecatske haks? Pumeu este hunvntake, vkerrickv ocatskat etvpomen oceyet os, momet heyv nake ehvperkakan enkvpaket, Hesaketvmese sutv, ekvnv, uehvtkv, momet nake vtehkakat omvl hayvten ohfulecatskvren cem erkenakvkes[.] (Acts 14:15)

Vm vhakvn vcayecatsken omat, vm vnokeckv ofvn fekhonnatskvres:
Cv'rke em vhakv vcayecvyvte, em vnokeckv ofv fekhonnvyat etvpomen.
11 Heyv nanvke es ce 'tem punayvkvyat, vm afvcketvt ec ofv taken
fekhonnen, cem afvcketv taket esfvckvren okvyis. (John 15:10-11)

References

- English:

  The Holy Bible: New International Version. International Bible Society. Grand Rapids, MI: Zondervan, 1984.

- Navajo:

  Diyin God Bizaad: The Holy Bible. New York: American Bible Society, 2000.

- Apache (Western):

  Bik'ehgo'ihi'n̲ań Biyati': New Testament of our Lord and Savior Jesus Christ in Western Apache. New York: American Bible Society, 1966.

- Cherokee:

  ᎢᏤ ᎧᏃᎮᏛ ᏓᏠᎯᏍᏛ [*Itse Kanohedv Datlohisdv*]. New York: American Bible Society, [1951].

- Cree (Plains):

  ᐅᐢᑭ ᑌᐢᑕᒣᐣᐟ [*Oski Testament*]. Toronto: Canadian Bible Society, 2000.

- Muskogee:

  Testement Mucvsat [*New Testament*]. New York: American Bible Society, 1906.

Contact Information

If you were wondering, Frank Hardy and Tony Goldtooth are both Seventh-day Adventist Christians. If you want to find a church where people believe what you've been reading in this booklet, here's a toll-free number to call:

Phone: 1-800-SDA-PLUS

We hope you enjoyed reading *Jesus Hoł Yi'ashgo (Walking with Jesus)*. You've heard what we have to say. Now we'd like to hear from you. If you want to send us a question or comment, here's our address:

Mail: Navajo Booklet
55 West Oak Ridge Drive
Hagerstown, MD 21740

If you're online and would like to check out our web site, here's the URL:

Internet: www.thebooklet.org